放送大学叢書040

天川晃最終講義　戦後自治制度の形成

刊行によせて

來生新

人づてに天川先生のご体調が優れないことを聞いたのは、二〇一六年の夏の終わりでした。五月に奥様とドイツにいるご子息を訪問されて、帰国後、体調が優れないので診察をしてもらったところ、六月に三週間ほど入院をされて癌の手術を受けられたとのことでした。驚いて、すぐに天川先生に連絡をして、病状を確認した折に、相対的には元気なのであまり心配をするなとのことで、しばらくは気にしながらも、他に成す術もなく、ただご健康を祈るしかないという状態でした。天川先生とのメールなどのやりとりの中で、今までの研究の総まとめをして、地方自治に関する本を一冊書くことになったとのお話を伺ったのは、秋口の九月、あるいは十月になってからのことだったでしょうか。それだけの気力が出て来たのは大変に明るいニュースだと考えました。

その後、天川先生の放送大学時代のゼミ生を中心とする「ガバナンス研究会」の田口一博会長や、放送大学で私のゼミのTAをしてくれている金官正さんなどから、ガバナンス研究会が主催して、天川先生の連続講義を行う計画で、その講義をまとめて一冊の本にする予定であることを伺いました。そもそもは二〇一五年の暮れに、左右社から放送大学叢書に二〇〇九年の『自治体と政策』をもとにしたものを加えるというところから話が始まって、最終的に、連続講義をして新たな一冊を書くということでまとまったとのことでした。

連続講義の第一回が開催されたのは平成二十八年の年の瀬も迫った十二月十七日土曜日でした。天川先生の奥様も出席され、終了後は懇親会もあるというご連絡をいただいたので、妻と二人で第一回の講義を受講しました。その折に、書下ろしは体力的にきついので、天川先生が放送大学時代に開講された地方自治に関する三つの講義の印刷教材、すなわち『地方自治政策Ⅰ　日本の地方自治　その現実と課題』（二〇〇二年）、『地方自治政策Ⅰ　自治体と政策』（二〇〇五年）、『自治体と政策　その実態と分析』（二〇〇九年）の天川先生が書かれた部分を下敷きにして、そこに新たな叙述を加えて、『戦後自治制度の形成』として本をまとめる構想であること、連続講義で話をすることと重ねて執筆を進めることなどを伺いました。天川先生も、ご自身のたぶん最後の仕事として、もう一冊本をまとめるという新たな仕事に向けて、気力を充実させておられたことが明らかにうかがえる、力のこもった講義でした。家内ともども、お元気な姿に安心をしたことを思い出します。

私の仕事の都合で、その冬を通して四回にわたって企画されたその後の講義には残念ながら参加できず、朋子お嬢さんからのご連絡で、四月以降急激に体力を失われていることを知ったのは四月の二十三日でした。ご自宅にお見舞いに伺った時には、非常にしっかりとしておられ、残念ながら本の最後の部分が未完成で、何とかまとめようと思ったけれど、体力が続かなくなったこと、あとは田口さんに任せるつもりであること等、声こそ出しにくそうでしたが、いかにも天川先生らしい明瞭な口調でお話をされて、今思えば、それが先生との今生の別れの会話でした。

天川晃の名は日本の占領史研究者として非常に高いものがあります。他方で、天川先生は、行政学者辻清明の弟子であることを常に誇りにされていました。天川先生が、最後の職場である放送大学で、地方自治をテーマに授業を展開されたことは、研究者・教育者の晩年の在り方として興味深いものがあります。地方自治の行政と政策をテーマに、昭和四年、昭和十五年という、これまでほとんど議論がなかった戦前の地方制度改革から、戦後占領下で生まれた新たな地方自治制度の連続性と断絶を連続的に見据える本書は、天川先生ならではの視点で貫かれ、門外漢ながらその価値は非常に高いものがあると考えます。

横浜国立大学時代から放送大学を通じて、一貫して天川先生の後輩である同僚としてお付き合いをいただき、よき教師、良き教員、良き大学人としての生き方を学ばせていただいた私が、専門外にもかかわらず、天川教授の最後の著作の刊行に一文を寄せる栄誉を与えられたことを深く感謝して、刊行に寄せる言葉を閉じます。

（放送大学学長）

天川晃最終講義　戦後自治制度の形成　目次

昭和期地方制度改革の課題

これから「戦後自治制度の形成」について何回かにわたり考えてみます。最も大きなテーマは、日本の戦前の地方自治制度が第二次大戦後の改革を経て、どのように変わったのかを見ることとです。

ここでの第一の関心は、戦後の自治制度がどのようにできてきたのかという歴史、すなわち制度形成史への関心です。第二次大戦後に行われたさまざまな改革は、「戦後改革」と総称され、日本の近代史上、明治維新と並ぶ大きな変革だったと考えられています。日本が戦争に負け、アメリカを主体とする占領下で行われたがゆえに、この改革は「占領改革」と呼ばれることもあります。「占領改革」のプロセスを見るには、改革における占領軍側の動きと日本側の動きを正確にとらえる必要があります。

しかし、戦後の改革を歴史的に見るに際しては「占領改革」に注目するだけでは十分ではありません。というのは戦時中に、地方制度を含むさまざまな制度改革が行われており、これとの関連を見てゆく必要があるからです。戦時中に行われた改革を仮に「戦時改革」と呼ぶとすれば、「戦時改革」と「占領改革」との関連も考えてみる必要があるのです。

さらに私は、戦後の制度の形成ということを考えるならば、「戦時改革」と「占領改革」だけでなく、もう一つ「占領後の改革」にも目を向けるべきだと考えています。一九五一年に講和条約が締結されて、翌五二年に日本は独立を回復しました。この前後の時期から、占領期に行われた改革の「行き過ぎ」を是正する形でいくつかの改革が行われています。当時は、それが復古的な方向だとして「逆コース」などとも呼ばれたものです。地方制度においても一九五〇年代に、地方自治法などにもさまざまな改革が行われています。そしてその動きが一段落するのが一九六〇年頃です。私は、「戦後改革」とは、「占領改革」に先立つ「戦時改革」、そして「占領改革」の後の「逆コース」期の「占領後改革」を含めるべきではないかと考えているのです。(1)

したがって、ここでは大まかに一九三〇年代後半から五〇年代後半に至るさまざまな制度改革を取り上げながら、戦後の自治制度がどのように形成されてきたのかを考えてみるというのが第一の課題です。ちなみに私は、戦後の地方自治制度は一九六〇年の自治省の設置によって形ができたと考えています。

本書の第二の関心は、自治制度です。自治制度には、市町村や都道府県のいわゆる自治体の制度、すなわち長と議会の関係、長と執行部の関係、住民との関係など、自治体そのものの内部に関する制度があります。これに着目すると、現在の自治制度は明治に作られた最初の自治制度から大きく変化していますが、その細かい変化を逐一フォローすることはここでの課題ではありません。

より重要なのは、自治体内部の制度だけでなく、国の地方行政制度と自治体の制度との関係、一般的に中央―地方関係といわれる側面にも注目をしてゆくことです。というのは、日本の自治体の制度は国の地方行政制度から完全に切り離されたものではなく、国の政府の行政と不可分で、さまざまな影響を受けているからです。これを私は「中央の制度と自治体の制度の融合」と呼んだことがありますが、実際の自治体の動きを見るためには、自治体内部の制度だけでなく中央―地方関係をも見てゆくことが大事なのです。

したがって、これらの自治体に関する制度が、明治憲法期から日本国憲法期になってどのように変化してきたのかを明らかにすることが、本書の第二の関心になります。

現在、二〇一〇年代の半ばです。私のようなとらえ方をしたとしても戦後の自治制度ができてから、既に半世紀以上が経過しています。ですから戦後に作られた自治制度は現在どのようになっているのか、またどのような課題を抱えているのか、これらを最後に考えてみたいと思います。この制度が今後どのように動いてゆくのかという将来予測は私の能力を超える問題ではありますが、どのような課題と展望があるのかについては、私なりに考えてみたいと思います。

地方制度改革は府県制度改革

ところで、この章のタイトルに「昭和期地方制度改革の課題」と掲げました。昭和は一九二六（昭和元）年から八九（昭和六十四）年まで六十四年間もあります。私がここで扱うのは一九三〇年代から六〇年頃までですので、そのほぼ半分でしかありませんが、この時期の地方制度に関する改革課題のうち、最大のテーマは府県制度の改革でした（現在では都道府県というべきでしょうが、三〇年代には東京はまだ東京府でしたし、道は別の制度とされていましたので府県制度としておきます）。府県制度の改革は、明治憲法期の戦前・戦中を通じて引き続いて論じられてきた、地方制度改革の主要テーマでした。そしてこの課題は戦後の改革でも引き継がれたのです。

明治憲法期の府県制度の改革を代表する二つの議論が、知事公選論と道州制論です。知事公選論は、第一次大戦後、デモクラシー思想と政党政治が伸長する二〇年代に唱えられました。ところが満州事変が始まり、国内の準戦時体制化が進行して行く三〇年代以後、特に三七年の日中戦争以後は、府県を廃止して地方制度を再編成する道州制論が盛んになってきたのです。知事公選論と道州制論は、異なる角度からの府県制度改革論だったのですが、両者はともに、それまでの府県と市町村という二層制の地方制度を大きく変える改革論でした。

府県の二重の性格

府県制度の改革論が知事公選論や道州制論として展開されたのは、明治憲法下の府県が二重の性格を持っていたからです。すなわち府県には、基本的には国が地方行政を行うための行政区画なのですが、同時にその区域を単位とする自治体でもあるという二重の性格が与えられていました。この二重の性格のどちらの側面に注目して改革を進めるのかによって、改革の方向が大きく異なってきたのです。

府県は基本的には国の地方行政組織です。これを象徴するのは、地方長官ともいわれる府県の知事が内務大臣によって任命される国の官吏だったことでした。知事は今風に言えば国家公務員として県内の国政事務（「部内の行政事務」）を担当していたのです。国の行政組織としての府県のあり方は、一八八六（明治十九）年に制定された地方官官制という勅令で規定されていました。

勅令は天皇の命令です。議会が決めるものではありません。戦前の国の行政組織はすべてこの勅令で決められていました。これが国の行政区画としての府県の側面です。

他方で、府県は同時にその区域の自治体でもあるとされていました。そして自治体としての府県のあり方を規定するのは一八九〇（明治二十三）年に制定された府県制という法律でした。そして自治体としての府県の側面を象徴するのが、府県内の選挙民（公民）から選ばれる府県会の存在でした。府県会は、府県の歳入歳出予算を定めたり、府県税の賦課徴収方法を議決したりする役割を持っていました。もっとも、府県は自治体とされていたものの、基本的には国の地方行政区画とされていたために、自治体としての側面には市町村に比べて制約が多く、不完全な自治体だとされていました。

ともあれ、府県が二重の性格を持つゆえに、府県制度改革論はこの二つの角度から論じられました。知事公選論は自治体としての府県制度の改革論であり、道州制論は地方行政区画としての府県の改革論だったのです。

自治権拡張としての知事公選論

市町村は完全自治体

自治体としての府県制度の改革論の基調は「自治権拡張」でした。そのモデルは完全な自治体とされていた市町村の制度です。市町村は明治憲法下でも完全自治体として一定の範囲の自治を認められており、法制では一八八八（明治二十一）年制定の市制町村制という法律で規定されていました。市町村内に住む住民のうちで一定の資格を持つ者（独立の男子で二年以上住民で、地租又は直接国税を納めるもの）を公民とし、公民は市町村会の選挙権・被選挙権を持っていました。市制町村制が府県制と最も異なるのは、市町村長を選ぶ規定を持ち、市町村会が市町村長を選出できたことです（当初は、市長は市会が推薦する候補者三名のうちから内務大臣が選ぶとされていたが、一九二六年の市制改正で市会で選挙することとなった。町村長は町村会で選挙したものを府県知事が認可するとなっていたが、二六年改正で認可を要しないことになる)。この点において市町村は完全自治体とされていたのです。ちなみに、府県制には知事をどのように選ぶのかに関する規定はありませんでした。

市町村は完全自治体だとはいうものの、府県知事、ひいては内務大臣の監督の下に置かれていました。さらに、市町村は自治体としてその地域の事務を処理するとともに、国の末端行政区画としての機能をも果たしていました。これはいわゆる機関委任事務というやり方です。市町村長が国から国政事務を委任され、知事の指揮監督を受けながらその地域内でその国政事務を行っていたため、このように呼ばれます。その限りでは市町村も、自治体としての側面と国の末端行政組織としての側面の、二重の性格を持っていたといえるのです。

府県制が市町村制に接近する

「自治権拡張」として主張されたのは、自治体における選挙権(公民権)・被選挙権を拡大すること、議会の権限を拡大するなどして参加の基盤を拡大することと、自治体の権限を拡大して国からの監督・統制を削減・軽減することでした。一九四〇年に、明治の自治制制定以来の五十年を回顧したある論者は、自治体における「自治権拡張」

の傾向が次第に進んできたとし、法制的にみれば、府県制が市制町村制に近寄る形で府県と市町村の制度の画一化の傾向が進んできたことを指摘していました[2]。

知事公選論とは、府県知事を市町村長と同様に地方民の意思にそって選出するというもので、府県の「自治権拡張」の到達点ともいうべき主張でした。しかし、それは同時に国の地方行政区画としての府県の基本的な性格を変え、それまでの国の地方行政の仕組みを根本的に変革するものだったのです。

「内務省―府県システム」とは何か

明治の初めに作られた国の地方行政組織は、中央政府の内務省と、地方レベルでは官選知事を長とする府県を基本として組み立てられた総合行政を目指す仕組みでした。これを「内務省―府県システム」と呼んでおきます。このシステムは、中央政府レベルで内務省が「内政の総務省」として内政を総合し、地方レベルでは府県が、国の総合的地方行政組織として「地域総合行政」を行うという仕組みです。中央各省の国政事務は、基本的には府県を通じて、知事によって展開することになっていました。内務省はまた「地方行政の総務省」として知事の人事権や警察権を持つとともに、府県と市町村の自治に対する監督権を持っていました。「内務省―府県システム」は、内務大臣―知事―市町村長の系列を通じて国政事務を地方の末端にまで及ぼす、中央地方を通ずる総合行政の仕組みだったのです。

一方の府県については、先にあげた一九三〇年当時の地方官官制を見ると、第一条で「府県には通して左の職員を置く」として「知事　勅任、書記官　奏任、地方事務官専任四百三十八人　奏任、……警部　専任千四百六十一人　判任、……」などがあがっています。[3]勅任、奏任、判任などというのは官吏のランクです。そして第五条では「知事は内務大臣の指揮監督を承け各省の主務に付ては各省大臣の指揮監督を承け法律命令を執行し部内の行政事務を管理す」となっています。第六条で「知事は部内の行政事務に付其の職権又は特別の委任に依り管内一般又は其の一部に府県令を発することを得」とされています。

知事公選制度がもたらすもの

知事公選制度の導入は、この「内務省―府県システム」に風穴をあけるものでした。知事が府県会などで選出されて内務大臣の人事権が及ばなくなれば、国の統制が直接に及ぶ総合的地方行政組織がなくなることになります。もしも地方レベルで国の総合行政システムを維持しようとするのであれば、府県に代わる別の地方行政組織が必要になります。それは「内務省―府県システム」の再編成にほかなりません。知事公選論が唱えられていた一九二七年に行政制度審議会が出した答申は、この問題に対する一つの回答を示しています。この答申は、当時盛んになってきた知事公選論を認めて、府県を完全自治体にするとともに、全国を六州に分けて新たな地方行政区画とし、州庁を設置して州長官を置くというものでした。これまでの府県制度では、国の地方行政区画と自治体とが合一され、府県が国の行政区画と自治体との二重の性格を持つとして構成されていましたが、国の行政区画としての側面を州庁が担い、自治体としての側面における府県の長は公選知事として、両者の性格を分離して制度の再編成をする構想だったのです。そして、国の行政事務は州長官が管掌するが、国政事務であっても教育、産業、衛生、土木などは府県とその長に委任するとしていたのでした。(4)

行政機能の強化としての道州制論

府県制度を改革するもう一つの議論の基調は、国の行政区画としての機能を強化する方向のものでした。この課題を「内務省―府県システム」の枠内で解決するには、市町村長の権限を強化することになります。自治制五十年を回顧して一貫する傾向は、自治体の長に委任される国家事務が増大し、これに対応して執行機関の権限を強化してきたことだと指摘する論者もいました。(5)さらに「行政機能の強化」を、既存の「内務省―府県システム」の強化としてではなく、府県を廃止して新たに道州制という広域の地方行政制度を導入することで実現すべきであるという議論も展開されてきました。三〇年代に入り、特に日中戦争以後、新たな行政課題が出てくる中で、従来の「内務省―府県システム」では、これに十分に対応できないとの認識が生まれてきたからです。そうした論議の例を当時の法制局官僚の府県廃止論から見ておきましょう。(6)

この論者はまず、府県は自治体としての実体が疑わしいといいます。府県が行う各種行政は、ほとんどすべてが国政事務であり、府県はこの費用負担をするにすぎない。さらに新たな行政の展開から見ると、行政区画としての府県の区域は狭すぎて、より広域の区域を必要とする行政が増加してきている。したがって府県を廃止して「新たなる国の行政区画としての庁」を設置して、鉄道、逓信、営林、鉱山等の出先機関を新設の庁に統合することを提案するのです。地方行政は府県より広域の庁が担い、地方自治は市町村に限定して、地方制度を再編成するという案でした。

府県より広域の地方行政区画を導入すべきとする論は、これ以外にもさまざまな形でなされています。これらを一括して道州制論とみなすならば、それらが出てくる社会経済的背景がありました。道州制論は、農業社会から工業化へという経済的基盤の変化、戦時体制下での統制経済・計画経済の必要性などによって、府県の区域をこえる広域行政が必要となったことに対応するものとして主張されていたのです。当時、広域行政の必要から、各省は府県を通さず個別に直接統制する特別地方行政官庁（出先機関）の設置を始めており、府県で地域総合行政を担うことが困難になり始めていました。そして、これらの個別の国の地方出先機関を統合して、府県に代わる新たな地方総合行政組織を設置するというのが道州制構想だったのです。

「内閣―道州制システム」という構想

ところで、地方行政組織を再編しようとする道州制論は、中央行政機構、とりわけ内閣制度の改革論と密接な関連を持っていました。それは以下のような理由からです。明治憲法期の内閣は各国務大臣が独立していて、総理大臣が各省大臣を指揮監督することができないものとされていました。このように各省大臣が分立する結果、各省が個別バラバラに、いわゆる縦割り行政を進めている現状に対して、総理大臣の各省大臣に対する指導力と権限の強化を図り、予算・人事・企画・法制などの補佐部局を内閣に集中することが、道州制の構想で考えられていたのです。地方レベルでも中央各省は個別に出先機関を設置して進めていたのですが、地方行政組織としての道州制を設置し各省の出先を統合し、新しい形の内閣をモデルとした総理大臣が任命する道州長官（親任官）の下で、強力な総合的地方行政を展開することにねらいがあったのです。

このシステムを従来の「内務省―府県システム」と対比して「内閣―道州制システム」と呼ぶとすれば、これは内閣と道州制を基本として、中央地方を通ずる総合行政の仕組みを作ろうとする抜本的な制度改革構想だったのです。このシステムの構想は、いいかえるならば、戦時の諸課題に応えるために内閣に行政機能の集中化と統一化を図り、道州制を通じて地方に浸透させようとするものでした。

内務省の運命

このように見てくれば、知事公選論は「内務省―府県システム」を下から脅かすものであり、道州制論は府県を廃止してこれに代わる「内閣―道州制システム」を上から導入しようとするものだということができます。いずれにせよ、この二つの改革論は「内務省―府県システム」の再編・変革につながるものであり、これまでの内務省のあり方に大きな影響を持つものでした。こうした動きを内務省の関係者はどのように見ていたのでしょうか。その一例を、日米開戦直後に書かれた当時のある内務官僚の文章で確認しておきましょう。(7)

まずこの人物は、時代が要請する「行政機能の強化」の点で、広域地方行政区画としての道州制の設置の意義は認めています。それは何よりも、行政事務の全面的再配分、中央官庁から地方官庁への大幅な権限の委譲が期待できるからです。中央政府は必要な全体的統制方針を定め、その方針の下での具体的個別の行政措置は地方官庁に行わせるべきという考え方です。しかし、ここで導入すべき道州の性格を、この人物は単に国の地方行政区画とするのでなく「同時に地方団体に迄発展せしむるに非ざれば本質的な解決にはならない」としていました。仮に府県よりも制限された自治しか認められないにせよ、経費負担団体として議会の設置は最小限必要としていたのです。

多くの事務の再配分を受けた地方行政区画と自治体の二重の性格を持つ組織で「民

意を反映しつつ地域総合行政」を展開する、ここに内務官僚の基本思想が集約されていると思われます。すなわち内務官僚の道州制論は、府県をモデルとした組織で、最小限ではあれ自治を認めて「民意」を反映しつつ行おうとするものでした。この点で単なる地方行政区画の「庁」を設置して、地方行政の総合化を期待した法制局官僚の府県廃止論との違いがあります。さらに文章では、行政区画と地方団体の区域の合一を廃止する行政制度審議会の州庁案は「多くの難点」があるが、その地方分権論が行政事務の中央地方にわたる再配分を意味するかぎりでは「十分その意義を持つ」としています。そして、府県の廃合や道州制の創設は、中央行政機構の改革を当然の前提とする「重大政治問題」なので、時の政治が解決すると論じていたのです。

本書の構成

二〇年代に「自治権拡張」を推し進めた政治の基調は、三〇年代に入ると「行政機能の強化」に変化してきました。自治制度の二つの改革論に照らして見ると、知事公選論が退潮して、道州制論が盛んに唱えられていくことになったのです。

以下、本講義では、戦時と戦後の地方制度改革の過程の中で、知事公選論と道州制論がいかに交錯していたのか、そして二つの地方行政システムのモデルがどのように関わりあっていたのかを検討してゆくことにします。

第一章では、四〇年代に進められた戦時の自治制度改革と、道州制導入の動きについて検討します。四〇年代前半の歴史は「行政機能の強化」を「内務省―府県システム」を維持しつつを進めようとする動きとともに、新たな「内閣―道州制システム」の導入の模索が進められた時代とみることができるのです。第二章は、敗戦後の占領直後に内務省が地方制度に対していかなる構想を持っていたのか、その中での知事公選論と道州制論の行方を検討します。第三章では、占領軍総司令部民政局が地方制度に対してどのような構想を持って日本の改革に臨んだのか、その中で知事直接公選論が浮かび上がってくる経過を検討します。第四章以下は内務省と民政局の対抗の中で進められて知事公選制度の導入（第四章）、地方自治法の制定（第五章）、内務省の解体（第六章）の過程を扱います。先に結果をいうならば、これらの改革の連続によって「内務省―府県システム」は完全に崩壊したうえ、道州制の導入もなかったということになります。そして第七章は、占領後期から占領後に「内務省―府県システム」に代わってどのような戦後の地方自治制度が作られたのかを検討します。最後の第八章では、こうして作られた戦後地方自治制度が、その後の半世紀の展開の中でどのように変容し、どのような課題があり、またどのような展望を持てるのかを考えてみたいと思います。

編集部付記　当初構想の第二章と第三章はあわせて第二章とされ、連続講義での議論を経て執筆される予定だった第八章は、著者の死去に伴い未完となった。

注

(1) 天川晃『占領下の日本　国際環境と国内体制』現代史料出版、二〇一四年。

(2) 東京市政調査会（亀卦川浩執筆）『自治五十年史　制度編』良書普及会、一九四〇年、六三一頁。

(3) 「書記官は東京府に在りては専任二人、其の他の府県に在りては各専任三人を以て定員とす」。

(4) 州庁案の具体的な内容については、松本英昭監修、地方自治制度研究会編『道州制ハンドブック』ぎょうせい、二〇〇六年、一一〇頁。

(5) 蠟山政道「地方行政組織の基礎」東京市政調査会編『自治制発布五十周年記念論文集』一九三八年、三七二頁。

(6) 入江俊郎「府県論」前掲『自治制発布五十周年記念論文集』、四九九－五〇〇頁。

(7) 鈴木俊一「州道制案の動向」『自治研究』第十八巻第一号、一九四二年、二三一－三八頁。

戦時自治制度改革

一九四〇年代に進められた戦時の改革をみてゆくにあたり、最初に三八(昭和十三)年四月十七日の『木戸幸一日記』を紹介しましょう。木戸は当時、第一次近衛文麿内閣の文部大臣兼厚生大臣です。『日記』には「午前十時、宮城前にて挙行の自治制度五十周年祝賀式に出席す。陛下の親臨、勅語を賜う。正午帰宅」とあります。ここにある通り、この日は「自治制発布五十周年記念式典」が宮城前で盛大に行われました。天皇が臨席して勅語を出し、末次信正内務大臣が式辞を述べた後に、自治功労者として優良市町村長などの表彰が行われました。そして一年後の三九年四月十七日の『日記』には「一時、日比谷公会堂における自治紀念日の会に臨み、講演を為す」とあります。この時、木戸は内務大臣です。当時、この四月十七日を「自治記念日」として毎年祝うように、という通達を内務次官が出すほどでした。

この日は、一八八八（明治二十一）年に市と町村の制度に関する法律である市制町村制（法律第一号）が公布されてから五十周年にあたります。その五十周年が祝われたということは、市制・町村制が近代日本の本格的な自治制度の発足として考えられていたということです。ちなみに、府県の制度に関する法律である府県制、郡制は、二年後の九〇年に制定されました（ただし、郡制は一九二三年に廃止されています）。これらの法律、すなわち市制、町村制、府県制が明治憲法期の地方制度を定める基本の法律で、制定後に何度も改正が重ねられながらも、一九四七年に地方自治法が制定されるまで続いていたのです。

この式典に際し発せられた勅語は、「今ヤ希有ノ時局ニ際会セリ朕カ忠良ナル臣民克ク私ヲ去リ公ニ奉シ規制ニ恪遵シテ益々自治ノ根柢ニ培ヒ以テ国家無彊ノ康福ヲ増進セムコトヲ期セヨ」というものでした。記念式典を主催した末次内務大臣は「此ノ重大ナル時局ニ処シテ益々堅実ナル自治ノ発達伸暢ニ努メ」という式辞を述べています。「希有ノ時局」、「重大ナル時局」の下にあって自治の発達に努めよといっていますが、五十年を経た日本の自治制度はいかなる方向に向おうとしていたのでしょうか。

自治制五十年とその評価

自治制五十年を経た当時、自治に関する法律や制度がどのように評価されていたのか。序章でも簡単に述べましたが、もう一度見ておきます。自治制発布五十周年を記念する事業の一つとして東京市政調査会が企画して、亀卦川浩という人が執筆した『自治五十年史　制度編』(一九四〇年)という本があります。その最終章は「立制以来五十年間の変遷を大観」する「制度の縦断的観察」にあてられています。(1)著者はまず「形式的方面よりの観察」を行い、市制・町村制および府県制の改正の頻度、改正の形式、法文の形式について検討しています。次に「実質的方面よりの観察」を行い、五十年間の自治制度にみられる三つの傾向を以下のように指摘しています。

まず、最も著しい傾向は「国家の監督・統制的色彩が次第に稀薄となり、自治権拡張の傾向が漸次濃厚になり来った」ことであるとして、(1)選挙権・被選挙権の拡張(納税要件の撤廃)、(2)自治体の権能の拡大、(3)議決機関の権限拡大、(4)許可認可事項の整理縮小をあげています。変化の第二の傾向として、自治制が次第に「複雑より単純へ、多様性より画一性への傾向」があるとして、(1)地方団体の体系の単純化

	主な出来事
1931（昭和6）年	
9月18日	**柳条湖事件**
12月13日	**犬養毅内閣組閣**
1932（昭和7）年	
5月15日	**5・15事件**
5月26日	**斎藤実内閣組閣**
1934（昭和9）年	
7月8日	**岡田啓介内閣組閣**
1936（昭和11）年	
2月26日	**2・26事件**
3月9日	**広田弘毅内閣組閣**
8月25日	**「7大国策」を発表**
9月21日	軍部両大臣、「政治行政機構整備改善要綱」で、中央行政機構・地方制度・議会制度改正を提案
11月	「地方行政機構改革に関し調査考究すべき事項」
11月4日	潮恵之輔内相から五相会議での地方行政制度に関する調査を提案
1937（昭和12）年	
2月2日	**林銑十郎内閣組閣**
6月4日	**近衛文麿内閣組閣（第1次）**
7月7日	**盧溝橋事件**
10月15日	臨時内閣参議官制（勅令第593号）公布
10月25日	企画院官制（勅605）公布
1938（昭和13）年	
1月11日	厚生省官制（勅7）公布
4月1日	**国家総動員法（法律第55号）、5月5日施行。**
4月17日	自治制発布五十周年式典、東京市政調査会編『自治制発布五十周年記念論文集』
6月10日	五相会議を国策審議機関に
1939（昭和14）年	
1月5日	**平沼騏一郎内閣組閣**
8月30日	**阿部信行内閣組閣**
9月29日	「国家総動員法等の施行の統轄に関する件」（勅672）
12月	昭和研究会事務局「地方制度改革要綱（試案）」
1940（昭和15年）	
1月16日	**米内光政内閣組閣**
3月29日	義務教育費国庫負担法（法22）、地方税法（法60）、地方分與税法（法61）公布
5月20日	地方連絡協議会規程（内務省訓令9）
6月	昭和研究会「政治機構革新大綱」
7月22日	**近衛内閣組閣（第2次）**
9月11日	部落会町内会等整備要領（内務省訓令17）
12月25日	東京市政調査会編『自治五十年史　制度篇』

参考：年表1（29ページに続く。連続講義配布資料より）

（郡制廃止）、（2）選挙制度の単純化（等級選挙制の廃止、大地主制の廃止）、（3）各団体間の差別の縮小、（4）地方的特例の撤廃（北海道、沖縄、島嶼の特例の範囲の縮小）をあげています。このうち、各団体間の差別の縮小傾向とは、「保守より進歩へ」「制限より自由へ」を根底の思想としていること、府県と市町村との間では「市・町村制が府県制に近づくことよりは、寧ろ府県制が市・町村制に近寄ることが多い」ことをあげ、市と町村の間の画一化も進行しつつあると指摘しています。第三の傾向は、「外国模倣より我が国独自性を発揮せる自主的立法への傾向」です。制度が当初のプロイセンを真似た外来的要素を洗い落し、次第に「単純を愛する邦人」にとって自己本来の面目を現わしてきたとしているのです。この『自治五十年史　制度編』の著者がここで観察した自治権拡張の傾向、「制限より自由へ」を基調とする画一化の傾向などは、主として自治体の内部組織のあり方に着目した自治制五十年の変化だといえます。

蠟山政道の評価

ところで、自治制発布五十周年記念式典が行われた当日の日付で、同じ東京市政調査会編『自治制発布五十周年記念論文集』(2)という論文集が刊行されています。この論

1941（昭和16）年	
10月18日	**東條英機内閣組閣**
1942（昭和17）年	
1月	鈴木俊一「州道制案の動向」
4月30日	**第21回総選挙（翼賛選挙）**
7月1日	地方事務所を設置
10月1日	内務省「道州制度について」
11月1日	大東亜省官制（勅707）公布（拓務省・興亜院廃止）
11月27日	地方各庁連絡協議会
1943（昭和18）年	
3月18日	戦時行政特例法（法75）、戦時行政職権特例（勅133）
3月20日	府県制中改正（法79）、市制中改正（法80）、町村制中改正（法81）、北海道会法中改正（法82）公布
6月1日	東京都制（法89）公布、内務省訓令第431号
7月1日	地方行政協議会令（勅548）、戦時行政職権特例中改正（勅549）
11月1日	軍需省官制、運輸通信省官制、農商省官制
1944（昭和19）年	
7月22日	**小磯國昭内閣組閣**
9月	「道州制の創設に関する件」
1945（昭和20）年	
1月31日	地方行政協議会令、戦時職権特例、地方参議官等臨時設置令中改正（勅44）公布
4月7日	**鈴木貫太郎内閣組閣**
6月10日	地方総監府官制（勅350）公布（地方行政協議会令廃止）

編集部付記　各章に掲げる年表は連続講義の参考配布資料より作成した。

文集は当時の代表的学者、実務家の論文を集録したものですが、そこには『自治五十年史』とは異なる歴史の評価、将来の展望を行う論文が掲載されていました。たとえば行政学者の蠟山政道の「地方行政組織の基礎」という論文は、国家行政機能の拡大と地方自治組織の関連を歴史的に考察して「明治四十四年の改正より昭和四年の改正に至る現行法制の状況を見て感ずることは、其の表面的な改正が如何にあらうと、そこに一本の綱の如く貫通してゐるものは、地方自治体に課せられる国家事務の委任による自治行政機能の増大に対して理事機関の強化を企てたといふことである」としており、公民権の拡張の如きは何ら自治体の基礎を更生せしめるものではないと指摘しているのです。ここでは、国家の委任事務が増大した結果として自治行政の機能は増大したが、それに対する対策が、僅かに、そして一方的に地域団体に基礎を置く自治団体の内部行政機構改革——理事機関の強化——によって求められようとした結果、自治体が「今や重大なる行詰りに逢着した」と断じています。

地方行政組織としては、地域的聚落性を基礎とした地方自治組織のほかにもさまざまな形のものがある、と蠟山は指摘しているのです。たとえば、行政的機能性を基礎とした国家の地方行政組織（出先機関）のほかにも、産業的職能性を基礎とする産業・

職能自治組織（農会・産業組合などの各種経済団体で大体が町村よりも小さな集落に基礎をおいている）があるとしています。行政自治だけでなく産業自治組織があるというのです。そして産業・職能団体や市町村よりも、下級の隣保団体をも含めた地方行政組織の構造を、調整役となる指導者という人的要素を含めて、再検討する必要があると説いています(3)。ここでの蠟山の視点は、自治体の内部組織に着目する亀卦川とは異なり、国家の地方行政と自治体との関連、中央―地方関係で問題をとらえているのです。

そして一九四〇年代の自治制度の再編は、『自治五十年史』の著者が観察した自治権の拡張という流れの中でというよりは、蠟山の指摘する国家行政機能の強化という流れの中で展開されていったのです。

戦時改革の構想

日本の政治は一九三〇年代に入るとさまざまな変化が始まります。三一年の満州事変以後の国内政治では政党勢力が後退し、軍部の発言権が大きくなっていきました。三六年の二・二六事件以後に登場した廣田弘毅内閣は、同年八月には「庶政一新の七大国策、一四項目」を決定します。その中には「中央地方を通ずる税制の整理」や「行政機構の整備改善」の項目が含まれていました。特に「地方行政機構の改廃」に関しては、①東北庁の新設、②東京都制の実現、③大都市制度の実現、④地方自治制度の改正、⑤県府行政組織の改革、⑥中間機関の設置、⑦地方行政監察制度の確立、などをあげていました。(4)

その後、九月には陸海軍が共同で「政治行政機構整備改善要綱(5)」を首相に提出します。ここには新たな時代の推進力となった軍部が考える、将来の行政機構の青写真が描かれていました。陸海軍の考え方は、あらためて十一月九日に「中央行政機構改革に関する陸海軍当局案」として発表されます。

軍部の改革案

軍部が提示した中央行政機構の改革案には二つの柱がありました。

一つは内閣機能の強化です。重要国務に関する調査、統轄、予算の統制、按配等に関する事項を掌る機関を創設して内閣総理大臣の管理に置くこととし、このため情報委員会を改組強化し、さらに人事行政の統制刷新に関する事項を掌る機関を創設すること、などをあげています。

第二の柱は中央行政機構の統廃合です。軍部があげていたのは、(1)外務・拓務両省を統合し対外政策を統制強化するとともに、内閣に朝鮮・台湾総督府、南洋庁に関する事務を管理する機関を設置する。(2)農林、商工両省を統合し産業行政を合理強化する。(3)内務省の神社局を文部省に統合し国民精神の作興に当る。(4)内務省を改組し、(3)と(5)の移管を行って、内務行政機構を刷新し、衛生に関する機関を統合強化する。(5)航空、鉄道、逓信行政を統合し、航空事業の発展を促進し船舶港湾行政を統合強化する、このため内務省の道路港湾に関する行政を移管する。(6)各省は時運に即応するためにその内容を整備改善するとともに各省間に重複、競合する行政機構、所管事務、研究機関を統合整理する、という各点でした。

そして「地方行政制度」については「中央行政機構の整備改善及び国運の進展に伴い地方行政制度を刷新す」とし、「議会」については「国運の進展竝議会の現状に鑑み議院法及び選挙法を改正し議会を刷新す」ということもあげていました。

内閣の地方行政機構改革私案

なお、地方行政機構の改革に関しては内閣内部で検討が進められ、一つの私案では、以下の三点を検討点としてあげていました。[6]

（1）地方行政制度を通ずる中央集権主義及び画一主義の弊を打破し、地方行政上地方的特色の発揮を期すること。

（2）地方行政機能における分化主義の弊を芟除し、地方行政の綜合的・有機的発展を図ること。

（3）地方団体の行政組織に関する対立主義の弊を是正し、地方行政上責任の明確と能率の増進とを期すること。

このうちで、（1）に関連して調査考慮すべき事項として、以下のことをあげています。中央の行政事務を地方に移管するために、①府県庁及び府県を廃合して道（州）庁及び道（州）を設置すること。②道（州）庁と町村との中間に町村に対する指導機関を設置すること。③市町村又はその機関に対する委任事務ないしその費用の負担を調整すること。④農村の自治制度と都市の自治制度とを根本的に分別することとして、（a）東京都制及び大都市制度を制定すること、（b）農村における部落、都市における町内会等隣保協同の組織の振興を図ること、（c）小町村を廃合すること。⑤市町村殊に大都市における公益事業制度を確立すること、などです。また、自治体の内部組織については、「市町村長の地位を強化し市町村行政の中心を市町村長におくこと」、「市町村会の組織及び権限を改善すること」などとしていました。

このように、軍部の提案している中央・地方の行政機構改革案は、現行の制度を抜本的に改革しようとするもので、序章で述べた「内閣—道州制システム」と名付けた方向のものでした。こうした方向での制度構想には、ここにあげたものだけでなく、さまざまな構想がありました。そして、ここに掲げられたメニューそのままではないにせよ、その方向での制度改革が徐々に進められていったのです。

内閣の強化と中央行政機構の再編

一九三七年に日中戦争が始まると、日本国内は大きく変わってゆきます。新事態に直面した近衛内閣になると、具体的な戦時に対応する行政機構への制度改革が始まりました。行政学者の吉富重夫は「支那事変の発生とともに事変解決を直接の目的として内政改革が叫ばれるにいたった……外政が内政を規定し制約している……外政の処

理のために、国内政治の全面における改革が要望せられている」と表現しています。(7)

戦時行政は強力な指導力の発揮を要請します。そのため内閣の機能強化が図られました。三七年十月には臨時内閣参議官制が作られ、「支那事変に関する重要国務」について、各界の大物が内閣の計画に参与できる道が開かれます。同月に、従来の資源局を企画庁に統合し、国策統合機関として企画院が設置され、翌三八年六月からは、それまで随時非公式に開催されていた五相会議（総理、外務、大蔵、陸海軍大臣）を最高国策検討機関として随時開催することが閣議了解で決定され、戦時の要請に応えようとします。これらはいずれも、内閣の政治力を強化することが期待された動きでした。

国家総動員法の制定

同じ三八年には国家総動員法が制定されます。国家総動員のために必要な場合には、非常に広汎な事項について、あらかじめ政府に命令を発する権限を与えておこうとする法律で、議会でも批判がなされる中で成立したものです。これを転機として、総力戦に対応する国内体制が次々と整えられ、国内の経済活動をはじめとするさまざまな領域で、国家の統制を強化し、国土計画などを展開する方向に動いていきました。

よく知られているように、大日本帝国憲法では国務大臣が平等とされていたため、内閣総理大臣が国務各大臣に対して指導力を発揮するのは困難でした。これを是正するには、本来であれば憲法の改正が必要だったのでしょうが、政府は憲法を改正することなく「特例」として総理大臣の指導力を強化する方向への改革を進めていきます。

その最初の試みが、三九年九月の勅令第六七二号「国家総動員法等ノ施行ノ統轄ニ関スル件」です。この勅令によって、各省大臣は国家総動員法の施行に関して命令を発するときには内閣総理大臣に「協議」をすることが必要とされ、さらに同法の施行に関して、内閣総理大臣が関係各大臣に対して「必要ナル指示」を行うことができることとなったのです(8)。ここでいう「指示」権とは何を意味するかは不明確でしたが、その後四三年三月に、戦時行政特例法、戦時行政職権特例などが公布されて明確にされました。この勅令は、大東亜戦争中に鉄鋼・石炭・軽金属・船舶・航空機等の重要物資の生産拡充上、特に必要あるときは、内閣総理大臣は関係各省大臣に対して必要な指示をなし得ることとしたものです。この勅令でも「必要ナル指示」ということばが使用されています。ここでの「指示」は、実質的には「指揮命令」と異ならないという解釈が示され、これによって総理大臣の他の国務大臣に対する優越性を認めるこ

ととなり、内閣総理大臣権限強化令だとされたのです。(9)

中央省庁の再編成

このような内閣機能の強化の動きと並行して、中央省庁の再編成も進められています。まず三八年一月に厚生省が新設されました。内務省から衛生局と外局の社会局、文部省の体育運動関係の事務が統合されました。衛生の問題や体力関係の問題は軍部の要請にも出ていました。その後も国家総動員法に基づく徴用令、協力令、労務調整令、労務統制委員会官制等が施行されると、厚生省は戦時行政の重要な担い手となっていきます。

次に四二年十月、行政簡素化と内外地行政一元化のための機構改革が行われ、大東亜共栄圏建設のために大東亜省が新設されます。拓務省が廃止され関東州、南洋群島の行政が大東亜省に移されたほか、興亜院、対満事務局も大東亜省に移されました。大東亜地域(特に満州、中国、タイ、仏印)においては、これまで外務省の主管に属していた外政事務は「純外交」を除いて大東亜省の主管に移されることになり、(10)内務省が朝鮮総督府、台湾総督府、樺太庁に関する事務を扱うこととなります。これは前述の軍部の案と、細かい点では異なりますが、方向性は同じなのです。

第三に、翌四三年十一月には、さらに大がかりな中央行政機構の再編成が行われました。まず、軍需省が新設されます。軍需生産の拡充強化、特に航空機の大幅増産のために、国家総動員に関する事項その他企画院と商工省の所管事項の大部分を移管した役所です。東條英機首相が軍需大臣を兼任し、岸信介商工大臣が格下げで軍需次官になったので良く知られています。軍需省は地方機関として軍需監理部を設置しました。さらに鉄道省と逓信省を廃止して運輸通信省が新設されます。運輸通信省では陸運、港湾、倉庫営業、航空、気象などに関する事務を所管し、通信に関しては通信院を管理しました。加えて農商省が新設されます。食糧自給体制の確立と国民生活物資の確保のために、従来の農林省を主体とし、商工省所管で軍需に関するものを除いて設置されました。このほか、国内防衛態勢強化の方途として、内務省の外局として防空総本部を設置し、防空に関する事務を統一的に所管することとなりました。これらの中央行政機構の新設・再編に伴って、既存の省庁の再編も行われていったのです。

「内務省―府県システム」の強化

このように内閣の強化と中央行政機構の改革に関して見れば、廣田内閣の時期に軍部が提起した方向、「内閣―道州制システム」を志向する方向で進んでいたといえるのですが、地方行政機構についてはどうだったでしょうか。当時、地方自治に関しても、従来からの自由主義的なイデオロギーに代わるものとして新しい統制主義的なイデオロギーが唱えられ、これまでの自治の観念が変化してきているとの議論も盛んに行われていました。しかし、地方自治制度に関する限り、既存の「内務省―府県システム」の枠組みの中で新時代への対応が進む、という状況が見られたことに注意が必要です。

地方税制改革による強化

その第一の措置が四〇年の地方税制改革です。この改正の眼目は、地方分与税といわれる地方財政調整制度の導入でした。地方財政調整制度は、農業が中心の農村部と商工業が発展してきた都市部とでは経済的な不均衡が出てきているという社会の変化を前提として、戦時に必要とされる全国一律的な行政を確保するためにとられた措置だったといえます。地方分與税は、具体的には配付税と還付税からなりました。配付税は国税として徴収した所得税、法人税、入場税、遊興飲食税の一定割合を、道府県六二に対して市町村三八の割合で配付するものであり、還付税とは地租、家屋税、営業税をいったん国税として徴収した後に徴収地の道府県に還付するというものでした。この制度の導入によって府県間の財政の不均衡が是正され、全国的な行政の水準の確保が図られることになったのです。府県の財政を強化するというこの分與税の制度を主管するのは内務省でした。すなわち「内務省―府県システム」を財政面から補強するという意味があったといえるのです。このような財政調整制度は、その後も形を変えて、現在の地方交付税の制度につながって行きます。

このほかにも、このときの地方税制の改正では、(1)国費、地方費の負担区分を確立すること、(2)物税本位の地方税を作ること、なども行われています。国費と地方費の負担区分とは、行政の全国的水準を維持するために国が地方団体に仕事をさせる際、国は地方に仕事をさせるだけではなく、費用の負担区分を確立して出すべきものは出すようにするということです。物税本位とは、従来の戸数割、所得税附加税などの人税を廃止し、地租、家屋税、営業税を地方税の主体としたことです。[11]

地方連絡協議会と地方事務所

「内務省―府県システム」の中での対応の第二の措置は、同じ四〇年五月から設置された地方連絡協議会でした。これは内務省が主導した府県を超えた広域行政への試みというべきものです。当時、「府県ブロック」ということばがありました。「ブロック」には「特定目的のために結成された国や団体などの連合体」という意味があります。では「府県ブロック」とは府県がブロックを作って広域行政を行うことかというと、そうではありません。「ブロック」には「防御すること」とか「妨害すること」という意味もあり、「府県ブロック」とは、狭い区域の府県が自県のことだけを考えてより広域の行政の展開を阻害している、というような意味で使われたことばです。「府県割拠」ともいわれます。今風に言えば「府県セクショナリズム」とか「府県エゴ」でしょうか。たとえば、米の生産県には米が潤沢にある一方で、都市部の配給には米が回ってこないのは「府県ブロック」による、などという批判がその例です。

内務省はこうした「府県ブロック」批判に応えるためにも、より広域の行政に対する対応を取らざるを得ず、こうして設置されたのが地方連絡協議会でした。これは全国を八地方に分けて、府県知事の管掌する各種行政の運営について連絡し協議をする組織でした。当初の目的は物資の配給や物価の統制などについての連絡を図ることでしたが、次第に、行政全般についての連絡協議を図るようになっていきました。

「内務省―府県システム」の中での新時代への対応の第三の措置は、四三年の市制・町村制などの自治制度の改革です。また、これに先立って四二年七月、府県行政の「現地実行機関」ともいえる地方事務所が設置されたことも重要です。郡制が廃止され、郡役所が無くなって以後、府県と市町村との中間には行政機関がなかったのですが、戦時に入って、食糧の増産や物資の収集配給などの経済統制に加えて、総動員業務など軍事関連業務が増加してきました。これらの国政事務の浸透徹底のために、府県の中間機関として地方事務所が設置されたのです。

自治制度改正のねらい

そして四三年三月には府県制、市制、町村制の改正が行われます。さらに六月には新たに東京都制が公布され、戦時体制に即応する自治制度の再編がなされました。

これらの自治制度改正のねらいは、当時次のように説明されています。「時運の進展と共に地方行政の任務愈々重大なるに鑑み国家の要請に即応して之が根本的刷新と高度の能率化とを図り以て地方行政をして国策の浸透徹底と国民生活の確保安定とに付十全の機能を発揮せしめんとするに在り」[12]。この「国策の浸透徹底」と地方行政の「高度の能率化」は市制町村制を大幅に改正することによってなされました。いいかえれば四三年改正では、それ以前の府県制が市制町村制に近づいてゆくという「自治権拡張」の傾向が逆転し、市制町村制が府県制に近似してゆくことになったのです。

市制町村制改正の根本趣旨とされたのは、「国家と市町村との一体不可分の関係を強化し、市町村をして国策遂行の第一線機関」とすることでした[13]。このときの改正法律案の要綱を見てみましょう。まず、(1)市町村と市町村長に対する「国政事務の委任を容易ならしむ方法」をとるとしています。また、(3)市町村会では「定数を適当に限定すること」とか「議決事項を重要事項に限定する」として、従来の概括例示主義から、府県制と同じ制限列挙主義に改められています。

このときの改正の特徴として「自治団体を綜合団体として捉えようとする傾向」があったとも指摘されます[14]。改正趣旨には、(2)「市町村内各種行政の綜合計画化を図る」として、市町村長を中心として市町村内各種団体の機能を調整させることとされていたのです。具体的には、市町村長に市町村の各種団体に対する指示権を賦与し、参与制度を設置しました。また、(5)部落会・町内会については、四〇年の内務省訓令第十七号によって村落には部落会、市街地には町内会を整備することが進められていましたが、このときの法改正で法制化されて、市町村の下部組織としてこれの活用を図ることが求められました。防空、食糧増産、貯蓄増強などの重要国策の遂行や、物資の配給など国民生活の確保安定上に重要な施策の遂行に際して、市町村長を中心とする各種の行政力の一元的な運営を期したといえるでしょう。地域団体である市町村の機能を単なる「役場事務」ではなく、より「基礎的、共通的、調整的機能を総合的に果すべき」との考え方に基礎をおく改正だったのです[15]。

この改正の極め付きは、(4)の「市町村長その他に関する事項」で、市長は内務大臣が選任し、町村長は知事の認可を受けるとしている点です[16]。しかも在職が不適当な場合には解職できるとしています。かつてあった知事公選どころか、市町村長を知事に倣って官選する方向になってしまったのです。

市町村長の選任方法を改める課題を検討した内務省内の資料によれば、市町村長の選任権を「市町村会から分離し、国家に於て之を選任すること」としています。市町村行政の実績及び現状を見ると、市町村会が市町村長を選挙する制度は「市町村行政百弊の根源」であり、市町村会が市町村長を選挙する制度は政党時代に行われるべき旧制度であって、今日においては「特に市会の如き市長の選挙能力なしと謂うに過度に非ざるが如し」としています。この中で、市町村長を国家で選任するとしても、決して「我国自治の本義に抵触するものに非ず」としています。「国家に対立し国家に抗争して地方的利益の擁護主張を任とするものと為すは、欧米自治観念の直輸入にして、わが国情に適せず」とし、さらに「我国自治は其の本旨に従って解釈し、国家の必要を根本義として其の体制を定めて支障あることなし(17)」と記されています。〝わが国独自の観念〟が強調されて、この改革は進められたのです。

議会からの強い批判

このような改正案に対しては、戦時下ではありましたが、議会で強い批判がなされています。中谷武世議員は「今回の改正案が、地方制度の根本義を脅威する虞《おそれ》ないか」と指摘して、今回の改正案は「自治権拡張の趨勢に逆行し、寧ろ自治権の範囲と内容を縮小削減する憾みあるのみならず、自治制度そのものの根本にまで斧鉞《ふえつ》を加うるものにあらざるなきか」と批判し、特に「市町村長選任の方法に関しては……明治四十四年の旧制度への逆転でありまして、明らかに地方自治権の制限縮小であると思われ……」、市町村長その他吏員に対する内務大臣と府県知事の解任権の掌握は「極端なる監督権の拡大でなくてなんでありましょうか」と批判したのです。そして「戦時にありては益々地方自治体の積極的活動を必要とするのでありまして、自治体を積極的に活動せしめんが為には、自治権の伸張を必要とするのであります。断じて国家委任事務の増加に藉口《しゃこう》して、強大なる監督権と干渉権の下に、これを圧縮するが如きことあってはならないのであります」としたのに対して、議事録は「(拍手)」があったことも記録しています。

この質問に湯澤三千男内務大臣は「根本のお考えにおいて、自治の精神を尊重すると云う点は、洵《まこと》にご同感に堪えませぬが、現在の市町村の実情を十分にご諒承ないかと思わるる点があるかと思うのであります……」と答えます。議場は「「ノーノー」と呼びその他発言する者多し。……「その言葉は無礼だ取消せ、取消せ」「降りろ、降りろ」「議長、議長」と呼びその他発言する者多し」。これに対して、議長から「内務大臣、……諸君は今日の町村の現状をご承知ないと、こういうお言葉であったのでありますか(「そうだ、そうだ」と呼ぶ者あり)――内務大臣、只今のは誤解を招く虞がありますから、あの点は再び改めて其処でお話し願いたい」と注意を与えます。そして内相が答弁を再開して「我が国の自治は臣民が大政を翼賛し奉る制度の一つであると考えるのでございまして、彼の英米流の自由民権の思想を基礎と致しまして、国家より独立するため、あるいは又その独立を保障するが為の制度ではないのであります。飽くまでも大政を翼賛し奉り、又国家目的を達成するの制度であるのであります」と答弁しました。

市制町村制の改正と同時に、府県制と北海道会法の改正も行われました。府県に対する国政委任事務は広く命令でなし得るようにし、そのための費用について必要な措置を講ずることとしたことと、府県会の定数を減らしその権限を縮小することなどですが、その範囲は市制・町村制の改正に比べると小さな規模でした。

このように、四三年の自治制度改革は、従来の府県を地方行政の中心におく「内務省―府県システム」を強化し、市町村長の権限を強化するとともに、より強力に国の統制下におこうとするものだったのです。

特別市制問題と東京都制

ところで、先に紹介した軍部が提起した「地方行政刷新」のメニューの中には、東京都制の実現と大都市制度の実現という項目もありました。これらは戦時改革でどのようになったのでしょうか。

ここで大都市に対する制度を少し振り返っておきます。大都市に対して、一般の市制の特例を設けるべきかどうかということは、市制施行時から問題とされてきました。市制施行当初の一八八八年には、東京、京都、大阪の三市に対してはそれぞれの府の知事が市長の職務を行うことにするなど、通常の市制より制約が多く、集権的な制度が導入されていました。しかしこの制度に対しては大都市側からの批判が強く、約十年間施行されたのち、九八年にこの特例法は撤廃されました。

特別市制要求運動

そしてこれ以後、特に大正期に入ってからは、上記三市に横浜、名古屋、神戸の三市を加えた六大市が、一般の市とは異なる特別な市制を要求する運動を展開してきたのです。その主張の要点は次の通りです。

大都市の実力は府県を凌駕するほどで各種の公共施設や事業も広範に及んでいるの

に、大都市に対する特別の制度は設けられていない。その結果「全ク画一的市制ノ下ニ中小都市ト併列同架セラレ消極的ニハ国家ノ二重監督ヲ蒙リ積極的ニハ大都市ノ機能ヲ発揮スヘキ独立ノ権能ヲ与ヘラレス彼我相俟ッテ甚ダシク自治的活動ヲ阻害シ一大集団タル自治生活ノ本質及作用ニ思ヲ致サザルコト洵ニ遺憾(18)」と現状を批判し、大都市にふさわしい、より広い自治権の獲得を志向するものでした。そして大都市制度を導入すれば、公共団体構成上の合理化、国政事務委任の範囲拡張、二重監督の撤廃、自治権の範囲拡張、財政、権限錯綜や事務事業重複の障害除去、警察権付与などの利益を大都市が受けるものと考えられていたのです。

「高度国防国家の完成が不可避」とされ、市町村の自治権拡張が退潮してゆく戦時期においても、大都市制度導入の主張は続けられました。「時局が地方団体に課した新たなる任務の認識と大都市の国家的重要性の自覚」に立って「大都市行政能率の増進」という観点から、それは主張されたのです(19)。

東京に対する特別市制の二つ目の方向性

特別市制運動の中で、東京に対する制度は、他の大都市とは異なる展開をとりました。[20] 既に九八年以来、東京市制あるいは東京都制を導入しようとする法律案は何回も提出されたのですが、いずれも未成立に終ります。一九三三年の第六四議会では、六大都市選出議員が六大都市の自治権を拡大することを狙いとする「六大都市ニ特別市制実施ニ関スル法律案」を提出し、衆議院の通過をみた直後、政府は「東京都制案」を提出してきました。その骨子は、東京府の区域を東京都の区域とし、都の首長を官吏としてその他の補助機関を官制で定め、警察権は現行通り警視庁が管掌し、区に対しては新制度を定めるほか市町村島嶼は現行の制度に則るものとする、という内容で、府県制を基本とした都制の構想でした。一方、特別市運動の側から出されていたのは、東京市を区域とし公選首長を要求する東京市制案であり、二案は対照的な内容のものだったのです。

これ以後、市制をモデルとする都制案と、府県制をモデルとする都制案の対抗が続けられます。のちの四三年に導入された東京都制は帝国の首都としての東京を強調したもので、東京府を区域とし官選の長官をいただく制度でした。それまでの東京府と府下の区市町村を一括して都制に再編したため、地方団体としての都の性格には従来の府県と市町村の性格とを折衷させた部分が残っています。ここでは四三年都制が、従来の府の区域を動かさず、府県制にならった集権的のものとして構成されたことを確認しておけば十分です。自治制度としての東京都制が府県制をモデルとして構成されたことで、府県における地方官官制に相当する東京都官制も同時に制定されました。

それまでの地方長官は勅任官でしたが、東京都官制では東京都長官は親任官とされました。地方長官が大臣並みの親任官となったのは、このときがはじめてでした。[21] また「長官は内務大臣の指揮監督を承け内閣又は各省の主務に付いては内閣総理大臣又は各省大臣の指揮監督を承け法律命令を執行し部内の行政事務を管理す」とされていました。

「内閣―道州制システム」の模索

さて、東京都制が施行された四三年七月一日に、全国九地方に地方行政協議会が設けられました。これまで述べてきたようにわが国の地方行政の制度、「内務省―府県システム」は地方の国政事務は道府県庁が担当するのを原則とし、特殊な事項のみを例外的に特別地方官庁の手に委ねる、というやり方をとってきました。しかしこの時期になると「一転して各省行政の地方事務は夫々の特別地方行政官庁に於て之を処理するを原則とし、残余部分を道府県庁をして行はしむるといふ原則例外逆転の勢」を示すような状態になり始めてきたのです[22]。

こうした動きの背景として指摘されているのは、次のようなことでした。府県の区域が地方行政の単位としては狭すぎて不合理になりつつあること、行政内容が複雑化・専門化したこと、行政の計画化が中央集権的性格を増したこと、内務省が地方長官の人事権を持ち一般監督を行う制度では、他省庁が強力に行政を行う際の障害となること、などです。

こうした背景があって特別地方行政官庁が設置されてきたのですが、他面で地方行政の総合性が失われる結果にもなっていました。四三年に設置された地方行政協議会は、従来の府県本位の地方行政という大枠を維持しつつ、府県と他省庁の出先機関との間の連絡調整をはかろうとする試みでした。

地方行政協議会の設置と道州制論

地方行政協議会には前身というべきものがありました。四二年十一月に設置された地方各庁連絡協議会です。先に述べたように、府県間の連絡協議を図るべく地方連絡協議会が作られていたのですが、府県庁だけでは十分でなく、それ以外の国の地方出先機関を含めた連絡協議会が必要だとして、この地方各庁連絡協議会が設置されました。したがってここでは府県の他に、土木出張所、財務局、税関、専売局、営林局、食糧事務所、鉱山監督局、工務官事務所、逓信局、海務局、労務官事務所などに加えて、陸海軍の関係官衙が参加するとなっていました。

四三年、地方行政協議会発足当時の発表によれば「いわゆる府県割拠の弊を防除し関係都府県間の行政の総合連絡調整を図り更に進んで特別地方行政官庁の所管行政にも亘り各種施策の総合的運営を具現し以て各種地方官庁を挙げて渾然一体と為り戦時地方行政の振作に邁進するの態勢を整えんとす」とあります。地方行政協議会は、当該地方の府県長官とその地方に管轄権を有する特別地方行政官庁の長（財務局長、税関長、地方専売局長、営林局長、鉱山監督局長、地方燃料局長、逓信局長、海務局長、鉄道局長、工務官事務所長、労務官事務所長など）を委員とし、会長は協議会の設置された地方長官がこれにあたりました。会長は総理大臣の監督下におかれていますが、会長長官と他の地方長官との関係は、総理大臣との関係と同様に、戦時行政職権特例の改正によって会長長官が他の地方長官に指示を行うとともに、他の官衙の長の所管事項についても所管大臣に必要な指示を求めることができる、とされました。それゆえ「中央における行政組織の骨組を地方に応用し、地方に小内閣、小内閣総理大臣を設けた」と評されたのです。[23]

地方行政協議会は、府県の存在を前提としつつ既設の他の行政庁との連絡調整を強化しようとするものであり、府県の上に立ったり府県に代わったりする、道州制の導入ではありません。しかし、戦時下の行政が集中と統一を至上命令とする以上、この制度を道州制への移行の一段階とみなす者も少なくありませんでした。道州制の導入は単なる府県の区域を再編するだけではありません。序章で触れたように、府県本位の地方行政という伝統的な内務省の方針に影響するばかりか、中央行政機構の再編構想の内容次第によっては、内務省の存在そのものをも危うくしかねない契機を内包していました。それゆえ内務省では、道州制に対しては慎重な態度をとっていました。[24]

大阪大学の滝口剛氏の研究によれば、四二年十一月当時、内務省では道州制について三つの案がある、と整理していたといいます。(1)現行の府県制度を廃止し、新たに数府県の区域を包含する道州の制度を設けてこれを地方行政の本位とする「道州案」、(2)現行の府県制度は地方行政の本位として存置し、これと中央各省との中間に行政機関として道州庁を設ける「道州庁案」、(3)現行の府県制度を地方行政の本位として存置し、これを適当に廃合して府県の規模を拡大する「府県廃合案」の三案です。このうちでは府県を存置する「道州庁案」が望ましいと内務省では判断していました。これは仮に道州制案を導入すると想定したときに、「内務省からみた許容範囲の限界点を示すもの」でした[25]。

戦局の変化と地方行政協議会の権限強化

さて、戦局が苛烈化するにつれて、地方行政協議会の会長知事が「地方ニ於ケル各般ノ行政ノ総合連絡調整」をはかるため「指示」をなしうるだけでは足りず、「各般ノ行政ノ統一及推進」のため「指揮」をなしうることまでに権限強化は進行します（四五年一月）。こうした動きは四五年から強くなり、軍部や内閣側は、軍と行政を一体化するための道州制の導入を積極的に構想し始め、内務省側ではこれに消極的な対応をするという動きが継続することになりました[26]。四五年二月には、廣瀬久忠内閣書記官長が地方行政協議会の会長知事の人事権を内閣が掌握する提案を行い、大達茂雄内相はこれに強く反対しました。最終的には、人事については内閣総理大臣が任命する親任官とする一方で、人事の詮衡については内相の意見を尊重する、ということで決着したのですが、この抗争の結果、廣瀬書記官長が辞職するほどの騒ぎとなりました[27]。

このことは当時の関係者のさまざまな『日記』にも書かれています。『木戸幸一日記』を見ると二月二十日の記事に「午前七時警報、八時、廣瀬〔久忠〕書記官長来訪、辞表を提出するに至れる事情につき話あり。首相の処置不可解なり。九時半より行政協議会長の奏上あり、陪聴す。十一時半、小磯首相来室、廣瀬氏の辞意につき話あり、斡旋方依頼ありしも、真相充分納得し得ざる故、引受ざることとす。……小磯、石渡〔壮太郎〕、児玉〔秀雄〕の各相より、廣瀬君の進退につき電話にて依頼ありしも、見透つかざるを以て断る」とあります。

衆議院書記官長だった『大木操日記』の二月二十一日分には「一昨日来の内閣の動きは道州制問題か、如何にも内閣の末期症状を呈している。……田中〔武雄〕前官長来席につき、別室にて、内閣がゴタゴタしているが如何したのかと尋ねてみる。広瀬が書記官長でありながらまとめ役にならず、ダダをこね始めたので、自分で自分の頭を壁に打っつけたことになった。行政協議会長の任命の問題だ。首相が田中氏を呼びによこしたので、そのまま簡単に別れる。……田中氏に再び如何したときくと、大体この問題は収まったということであった。……古井〔喜実〕警保局長も居たからきいて見ると、これはハッキリ内務省は一歩も譲らず、従って内相の態度はハッキリしているとと至極明瞭なり。明後日あたり訪問せんと云う。……午後7時半に広瀬官長辞職」とあります。

同じ日の『矢部貞治日記』には「夕方からは古井と柴大佐に会うことになっていたので、三時過ぎ増田に行き炬燵で午睡。古井がやって来て、行政協議会長の人事権の問題から内相と広瀬書記官長の衝突となり、広瀬がやめて、石渡［壮太郎］が官長になった話しを聞いた。十日官長だ」と記されています。

地方行政協議会から地方総監府へ

その後、四五年四月に小磯國昭内閣が総辞職して鈴木貫太郎内閣が発足すると、内閣側と陸軍とは「作戦と行政の一体化」をはかるために、地方行政協議会に代わる組織の模索を始めます。地方総監府です。構想した陸軍側がこの組織に求めたのは、内閣総理大臣が地方総監の任命権を持つことと、軍人を任命することでした。しかし、ここでも内務省側が強く抵抗した結果、両者の妥協的な形で組織ができて、六月十日から地方総監府が発足することとなりました。

地方総監府官制によれば、地方総監府は「大東亜戦争ニ際シ地方ニ於ケル各般ノ行政ヲ統轄」する（第一条）ものとされており、全国を軍管区にならって八ブロックに分けて設置されました。したがって地方行政協議会の区域と地方総監府の区域とは少し異なっています。親任官の地方総監の下に副総監、参事官、副参事官、事務官など職員を擁していました。そして「地方総監ハ行政全般ノ統轄ニ付テハ内閣総理大臣ノ指揮監督ヲ承ケ内閣又ハ各省ノ主務ニ付テハ内閣総理大臣又ハ各省大臣ノ指揮監督ヲ承ク」（第三条）とされていました。他方で、「地方総監府ニ関スル事務ハ内務大臣之ヲ統理ス」（第四条）とされており、「統轄」と「統理」の解釈により、内閣主導とみるか内務省の主導とみるかの余地は残されていたのです。

地方総監府の創設が決まった際に、これを推進した軍部の関係者は「地方総監府官制閣議決定、中央権限下部委譲の画期的施策也。所謂、道州制の実現なり」と日記に記したとのことですが、[28] 内務省関係者の見方はこれとは異なっていました。地方総監府の設置に伴って府県が廃止されたのではなく、「府県の有する綜合的組織力を重んじ……地方総監府が府県を地方行政の本位として之を統轄する機能を主眼とせられた」[29]のであり、従来からの、内務大臣の下にある府県本位の地方行政の制度と総理大臣の指揮監督する地方総監府の制度とが折衷されたのであって、道州庁が設置されたに過ぎないものだととらえていたのです。

戦時体制の下にあった四〇年代前半の日本の地方自治制度再編の動きは、以下のように要約できるでしょう。戦争に対応するための強力な行政態勢が求められ、軍部から内閣機能の強化を図るとともに、中央行政機構の改革を含む抜本的な改革構想が提起され、地方制度においては、府県制度に代わる道州制を導入してゆくという「内閣―道州制システム」が、徐々にではあれ模索され、実現されようとしてきました。これに対して、内務省は従来の「内務省―府県システム」を基本として、その枠組みの中での行政権を強化する形で対応をしてきたのです。四三年の市制町村制の改正はそれまでの「自治権強化」という傾向を逆転させ、以後「執行権強化」の方向で再編が行われることになります。地方レベルでも、より広域的な行政への対応を図ろうとして、地方行政協議会から地方総監府へと組織は改編されます。次第に道州制的な方向に進められましたが、結局は「内閣―道州制システム」が十分に展開する間もなく、敗戦の日を迎えたのです。

アメリカの見方

最後に、これらの戦時改革を米国側がどのように見ていたのか、一つの資料を見ておきましょう。アメリカ陸軍で作成された日本に関する『民政ハンドブック：政治・行政』には、次のような記述があります(30)。

「日本政府は縦に組織されている。法律・命令・規則などは臣民に降りてくる(come down)。法令等は最低の臣民にまで濾過される。下級政府のすべての行動は頂点を目指している。この原則は日本では緩むことはない。すべての政策や詳細は東京からやってくる。地方自治は範囲が狭い」(3)。

政府の制度は七つのレベルがある。①東京の中央政府、②地方行政協議会、③県、④樺太庁と北海道、⑤市、⑥町、⑦村。地方行政協議会以下のレベルは直接・間接に内務省の監督下にある」……「これら下部の組織が中央政府から独立に処理できる行政事務の範囲は狭い。その結果、県行政は実質的には国の役所にほかならず、国のやり方で行動し国の問題に関心を持っており、アメリカの州のような地方自治の観点を持っていない」……「市は法律でより大きな自治と内務省からの干渉が少ないので地方の職員がやれることがある」(157)。

地方行政協議会については、「地域ブロックの組織」(organization of the local regional bloc)だとして、この組織が作られた二つの目的をあげています。一つは、土着の戦闘力を効率化するために、容易に行政・生産・流通できる単位として便利なサイズの経済ブロックを設立すること。二つ目は、各省が作る全国的政策の展開が小さな府県では非効率だったのを克服するためである、としています。

そして地方行政協議会の設立によって、日本の地方政府の構造は、県知事と中央政府の権限が小さくなったのではなく、政府も知事も権限を増やしたのだとしています。知事、市町村長は各地での義務を遂行しているし、政府は国民に届く官僚組織を持っている。改革前後の大きな違いは、地方の政治システムが完全にかつ直接に国の戦争努力に動員され、中央政府はほとんど重複することなくその機能を行使することができるようになったことである、と分析しています。

注

(1) 東京市政調査会(亀卦川浩執筆)『自治五十年史　制度編』良書普及会、一九四〇年、六二四―六三三頁。

(2) 財団法人東京市政調査会編纂『自治制発布五十周年記念論文集』東京市政調査会、一九三八年。

(3) 蠟山政道「地方行政組織の基礎」前掲『自治制発布五十周年記念論文集』、引用は三七一頁以下。なお蠟山政道「特別組織としての地方自治制」『行政組織論』日本評論社、一九三〇年、二九九頁以下にも関連する論文が収録されている。

(4) 鵜澤喜久雄『広域地方行政の常識』九鬼書房、一九四四年、四五頁。

(5) 陸軍省・海軍省「政治行政機構整備改善要綱」土井章監修、大久保達正ほか編著『昭和社会経済史料集成　第2巻海軍省資料(2)』大東文化大学東洋研究所、一九八〇年、四二五頁。

(6)「地方行政機構改革に関する方針(試案)」昭和十一年十一月一日、前掲『昭和社会経済史料集成　第2巻海軍省資料(2)』五〇九頁。

(7) 吉富重夫『行政機構改革論』日本評論社、一九四一年、一一頁。

(8) 前掲『行政機構改革論』、八八頁、山崎丹照『内閣制度の研究』高山書院、一九四二年、三八八頁。

(9) 宮澤俊義「戦争と行政」「法律時報」第十五巻第三号、一九四三年、入江俊郎「職権特例の総理大臣の指示権」「自治研究」第十九巻第四号、一九四三年。

(10)美濃部達吉「戦時経済行政法概観(三)」『自治研究』第十九巻第三号、一九四三年。
(11)荻田保『地方財政とともに　五十年の回顧』地方財務協会、一九八四年、七〇頁。
(12)「地方制度改正ニ関スル件訓令」(昭和十八年内務省訓令第四三二号)。
(13)「市町村制度ノ改正ニ就テ」天川晃・田口一博『総務省自治大学校所蔵戦後自治史関係資料集　第一集地方制度改革』丸善、二〇一一年、資料474。
(14)四三年改正の特質については、長濱政壽『知事公選の諸問題』有斐閣、一九四六年の分析に負うところが大きい。
(15)小林與三次『私の自治ノート』帝国地方行政学会、一九六六年、九〇頁。小林は内務官僚として四三年改正を担当した。
(16)一九二六年の市制町村制改正で、市長は市会において選挙するものとなり、町村長は町村会で選挙するものとなっていた。それ以前は、市会が三人を選挙推薦させ上奏裁可を得る必要があり、町村長は府県知事の認可が必要であった。
(17)「市町村制度ノ改正ニ就テ」「市町村長ノ官選ニ就テ」前掲『総務省自治大学校所蔵戦後自治史関係資料集　第一集地方制度改革』資料474、475。
(18)特別市運動に関しては指定都市事務局『大都市制度史(資料編)I』大都市制度史刊行会、一九七五年が詳しい。
(19)「東京都制並五大都市特別市制実施要望理由」(一九四二年一月)前掲『大都市制度史(資料編)I』八二九―八三〇頁。
(20)東京都制の導入に関しては、赤木須留喜『東京都政の研究　普選下の東京市政の構造』未来社、一九七七年を参照。

(21) 内政史研究会「鈴木俊一氏談話記録第四回」「内政史研究資料」第二一二集、一九七五年、一九八頁。

(22) 井出成三「特別地方行政官庁の拡充化傾向に就て（二・完）」「自治研究」第十八巻第三号、一九四二年、三三―三四頁。

(23) 柳瀬良幹「地方行政の新機構」「都市問題」第三十七巻第三号、一九四二年、三三頁。

(24) 高木鉦作「広域行政論の再検討」辻清明編『現代行政の理論と現実』勁草書房、一九六五年。

(25) 滝口剛「地方行政協議会と戦時業務（1）東条・小磯内閣の内務行政」大阪大学大学院法学研究科編「阪大法学」第五十巻三号（通号二百七号）、二〇〇〇年九月、四一〇―四三四頁。

(26) 滝口剛「地方行政協議会と戦時業務（2）東条・小磯内閣の内務行政」大阪大学大学院法学研究科編「阪大法学」第五十巻五号（通号二百九号）、二〇〇一年一月、七六五―八〇八頁。

(27) 矢野信幸「太平洋戦争末期における内閣機能強化構想の展開　地方総監府の設置をめぐって」史学会編「史学雑誌」第百七巻四号、一九九八年四月、五四三―五五九頁。

(28) 前掲「太平洋戦争末期における内閣機能強化構想の展開　地方総監府の設置をめぐって」。

(29) 金丸三郎「地方総監府及地方行政事務局に就て」「自治研究」第二十一巻第十一号、一九四五年、七頁。

(30) Army Service Forces Manual, M-354-2, Japan Section 2: Government and

Administration, Headquarters, Army Service Forces, January 1945, p.319, 323.*

◉第二章

占領改革の構図

「占領改革」の見方

この章から、占領下の改革でどのような自治制度が作られていったのかを見てゆきましょう。最初に、占領下の政治過程を見る場合の一般的な問題点を話しておきます。

まず、日本の終戦・敗戦はポツダム宣言の受諾によってなされたことを改めて確認しておきたいと思います。これが占領改革の基本を明らかにするからです。ポツダム宣言には三つのポイントがあります。一つは、ポツダム宣言第六項で軍国主義勢力を除去するといい、第九項で軍隊の武装解除をあげていることです。非軍事化です。第二に、第十項で日本政府が日本国国民の「民主主義的傾向の復活強化」に対する障礙を除去し、基本的人権を尊重すべきことをあげていること。すなわち民主化です。第三に、第十二項で日本国民の「自由に表明せる意思」にしたがって、平和的傾向を持ち責任ある政府ができれば占領軍が撤収するといっています。このように、ここには占領政策がどのような方向の政策を採ろうとしているのか、その大筋が示されています。大事なことは、第十項で日本政府の責任をみとめていることです。

占領下の政治といえば、絶対的な権力を持つＧＨＱ（占領軍総司令部）がいて、自分たちのやりたいことを勝手に日本政府に押し付けてきたようなイメージを持ちがちです。一方的で非対称的な関係です。またそうしたイメージを前提として、日本側の骨のある人物が「マッカーサーを怒鳴りつけた」とか「占領軍に抵抗した」とかしたとして、その活躍に留飲を下げるという話が語られることもあります。確かに占領軍は戦勝者として絶対的な権力を持っており、「間接統治」の占領方式では日本政府機構を「利用するが支持しない」というのが基本でした。このことは「初期の対日方針」で明示されています。しかし私は、日本側も占領軍を「利用するが支持しない」という側面があったのではないかと考えています。日本側がそうした力を持ち得たのは、日本に関する制度や組織に関する情報を十分に持っていたからです。占領軍といえども、日本を統治するためには、日本側の情報に依存せざるを得なかったのです。

	主な出来事	内務省関連	民政局関連
1945（昭和20）年			
4月7日	**鈴木貫太郎内閣組閣**	安倍源基内相、灘尾弘吉次官	
7月26日	「ポツダム宣言」発表		
8月5日			米軍軍政局設置、クリスト局長
8月10日	**ポツダム宣言受諾を通告**		
8月14日	**天皇の終戦の詔書**		
8月17日	**東久邇宮内閣組閣**	山崎巌内相、古井喜実次官	
8月21日	閣議決定「官庁等の改廃に関する件」		
8月28日			軍政局付属文書第8号
8月30日	**マッカーサー進駐**		
8月31日		閣議、総選挙関係日程を決定	
9月2日	**降伏文書調印**		「三布告」を日本側に手交
9月22日	「米国の初期の対日方針」公表		
9月26日			サザランド参謀長、軍政局廃止を通告
9月28日		閣議、地方総監府廃止・地方事務局設置を決定	
10月1日			地方総監府廃止に関する情報要求
10月2日			GHQ／SCAP発足。GS・クリスト局長
10月4日	**近衛・マッカーサー会談**		「人権指令」発出
10月9日	**幣原喜重郎内閣組閣**	堀切善次郎内相、坂千秋次官	
10月11日	マ元帥、5大改革を指示	選挙法改正の閣議決定	
10月12日		27名の知事の人事異動発令。内相、知事公選の意向を表明	
10月27日	憲法問題調査会委員会第1回総会		
10月29日		島嶼での総選挙への協力を依頼	
10月末			ティルトンに、田中二郎の講義始まる
11月1日	「米国の初期基本的指令」		地方総監府の廃止、地方行政事務局の設置を許可。GHQ、近衛の憲法改正関与を否定
11月6日		地方行政事務局設置制(勅622)	
11月8日			「初期の基本的指令」を受領
11月12日	「毎日新聞」、知事公選の世論調査発表		
11月14日			GS機構改革。計画・立法・外事班。
11月23日			ハッシー「分権化の手書きメモ」
12月6日			ラウエル「憲法の準備的研究と提案」
12月11日			クリスト、参謀長宛覚書
12月15日			ホイットニー、GS局長に就任

年表2（71ページに続く）

したがって両者は、一方的で非対称的な関係というよりは、共通の利害関係もある相互利用の関係にあったとみてゆくことが可能でしょう。実際にどのような経過で占領下の改革が進められたのかについては、時期によって、あるいはテーマによって様相が異なるので、個別具体的に見てゆくことが必要です。

日本軍からGHQへ

ポツダム宣言の受諾後、敗戦後も日本政府はそのまま存続する形で、いわゆる「間接統治」の占領が始まります。したがって、日本政府では内務省が地方制度の問題を扱うことに変わりはありません。他方で敗戦によって、地方制度に関して内務省の相手となるアクターが大きく変化します。一九三〇年代後半から四〇年代の前半は、いわば日本軍が日本国内を支配しているような時代でした。ところが敗戦を境目として、日本軍に代わって連合国軍による日本占領が始まり、日本を支配することになります。ここで内務省の相手となったのは占領軍総司令部（General Headquarters, the Supreme Commander for the Allied Powers: GHQ/SCAP）、とりわけ民政局（Government Section: GS）となりました。「戦時改革」とは、日本軍が主導して「内閣―道州制システム」の導入を

12月17日		衆議院議員選挙法改正公布	
12月18日	衆議院解散		
12月21日			広瀬東京都長官、ラウエルやティルトンらを招待
12月24日			ホイットニー、民政局員と会合
12月26日			ケーディス「民政局改組案」
12月27日	モスクワ外相会議、極東委員会などの設置を発表		
12月31日		市制・町村制改正要綱決定	民政局、選挙改正問題で会合

推進しようとする改革だったと理解することが可能です。これに対して、「占領改革」とは連合国軍＝GHQの占領下で、知事公選制が強力に進められた改革でした。そして知事公選制の導入を起点として「内務省―府県システム」が大きく揺らぎ、ついには内務省も解体されて、このシステムは崩壊することになるのです。これが占領改革の大きな見取り図です。

内務省対民政局

以上を前置きとして、占領下の地方制度改革について見てゆくことにしましょう。このテーマを扱ったものに、自治大学校編の『戦後自治史』があります。内務省関係者の保存していた資料と、関係者の座談会などをもとにして構成された文献で、最も基本的なものです。

そして『戦後自治史』のカバーするテーマをいろんなエピソードを交えた一般向けの読み物として、草柳大蔵著『内務省対占領軍』（朝日文庫、一九八七年）という本があります。以前、『日本解体』という題で出ていたものの文庫版です。草柳はこの本の序文に「通念への挑戦」という題をつけています。戦前の内務省は「暗黒政治の元締め」、「自由の抑圧装置」という通念に包まれていて、自治省ができる頃にも「内務省の復活」という警戒感があったと草柳はいいます。しかし、占領行政を見てゆくと、人々の考えている「通念」とは全く違う「事実」に行き当たるのだとして、次のようなことを指摘しています。

(1) 占領軍は日本進駐に当たって中途半端なスタディしかせず、日本に来てから実情を勉強した。とくに「地方自治」については、占領軍当局者と内務官僚との間にトンチンカンなやり取りが重ねられた。

(2) 内務省を除く各官庁と占領軍の間は極めて良好で「癒着関係」さえあった。占領軍と最後まで拮抗したのは内務省の地方局だった。この拮抗の原因は「地方自治」を改編しようとするGSのメンバーが、地方行政には一度も携わらないズブの素人だったことにある。

(3)「追放」にせよ「内務省解体」にせよ、匿名の日本人が占領軍を情報の面で手助けした。

（4）朝鮮戦争の勃発とともに、占領行政の「流れ」が変わり、当事者たちに無力感や開放感を与えた。

草柳の本はまとめて参照文献を示していませんが、内務省関係者の回想録や、『戦後自治史』編集のために行われた内務省関係者の座談会の非公開資料を使っています。その意味では、彼が明らかにしたという「事実」は、内務省関係者の視点を色濃く反映した内容のものだといえます。

しかし、「事実」をより正確に見てゆくためには、内務省側だけでなく占領軍の側からの見方を合わせてみてゆく必要があります。民政局側の主要な資料は天川編『GHQ民政局資料集　地方自治Ⅰ』（丸善、一九九八年）に収めたものがあります。ここでは内務省側と民政局側の双方の資料を見ながら、占領改革がどのように展開したのかを見てゆくこととしましょう。

戦時から平時へ——地方総監府廃止問題

一九四五年八月、戦争が敗戦で終わるとほどなく、政府は戦時の臨時措置としてとっていたさまざまな措置を解除する、「戦時から平時へ」の動きを始めました。八月二十一日には早くも「官庁等の改廃に関する件」を決定し、戦時中に軍の主導で作られた行政機構を廃止・改組・縮小する措置をとっています。中央行政機構では大東亜省は外務省と合併し、軍需省は改組し、農商省も縮小などとされています。こうした動きの中で、地方総監府をどうするかが問題になってきました。

地方総監府については、九月七日の地方総監会議で東久邇宮首相が、総監府はますます重要になったと発言をしていたのですが、内務大臣は総監府の存続に否定的でした。九月十五日には内務省内の会議で「戦争ニ伴フ機構ナルヲ以テ廃止スルヲ可トスベシノ結論デアル」としています。地方総監府は戦時機構として廃止するとして、府県を超える広域レベルでの地方総合行政機構を引き続き設置する必要はあるのかないのか、その議論が省内で行われた模様です。そして結論として、終戦後も「食糧、燃料、住宅、産業の復興、勤労等の諸問題及び進駐軍との連絡其の他地方に於ける各般の行政の綜合連絡調整を行ふ必要があり、又之に専任する機関を設置する」という理由で地方行政事務局を設置することとなり、九月二十八日の閣議でこの方針が決定されたのです[1]。

地方行政事務局の役割

地方行政事務局は、所在地管轄の地方長官と区域内の地方官衙の長で地方行政連絡会議を構成し、長となる長官が指示権を有する、という点では地方行政協議会に近いものでした。しかし法律的には、地方総監府と同様に、独立の行政官庁として、法令の委任によって与えられた権限に基づく業務を執行するものとされていました。担当の一事務官は当時、「国内に於ける政治、経済、社会情勢の変化に伴ひ、その機能は今後更に強化して行かるべきものであると信ずる」との展望を示しています。府県を超える広域行政機構は敗戦後の平時においても必要であるとみていたのです[2]。

総監府廃止を審議する枢密院の会議のために作成された想定問答資料の中に、当時の内務省の地方制度に対する考えが示されています[3]。これによれば、道州制を採用しないのは、道州制のような「統轄的ナ行政機構ヲ設ケ」れば、必然的に「地方行政ノ枢軸ヲ為シテ来タ府県制ノ根本ニ触レル」ことになり、地方民の利害に及ぼす影響が極めて深刻となり、また「中央各省ノ機構及権限ニ付テ根本的ニ改革ヲ加フル必要」が起こってくる。したがって「終戦後尚日浅ク今後ニ於ケル事態ノ推移モ明確ナラザル折柄斯ノ如キ改革ハ極メテ慎重ヲ期スベキモノト考ヘル」としています。地方制度改革については、さきに四三年改正で「地方行政ノ能率化ト弊害ノ除去、刷新トヲ図ツタノデアリマシテ、戦争ガ終結シタ日ト雖モ直ニ旧ニ復スルトカ其ノ他ノ改正ヲ加フルトカノ必要ハ目下ノ所認メラレナイ」と、これにも慎重な構えでした。

司令部の対応

政府は地方総監府の廃止に関して司令部の許可を求めようとします。しかし司令部側からは、十月一日付けの覚書で地方総監府に関する資料提出の要請があったものの、その後、応答はありません。このため内務省では焦燥を深めていきます。内務省地方局長だった入江誠一郎の『日記』には、十月に入ると連日のごとく総監府問題についての記事が現れています。十二日には総司令部との連絡役である外務省の終戦連絡事務局（終連）を訪れて司令部への連絡を依頼し、十五日にも外務省を訪問しますが「マ司令部は総監府制度を戦争協力の制度として特別の目を以て見ているようだ」との印象を得て帰り、十六日には司令部から呼び出しを受けて総監府問題を説明します。その後も連日のように外務省に日参するものの、返答がありません。

総司令部側から、総監府の廃止と地方行政事務局の設置に同意する、との返事が内務省に届いたのは十一月四日のことでした。この間の経過を振り返って、入江地方局長は「マ司令部トシテハ地方総監府組織ヲ占領政策ニ利用スヘキカ又ハ戦争協力機関トシテ廃止スヘキカ、永キニ亘ツテ色々研究ノ末、後者ニ踏ミ切ツタ訳ニテ、即チ今後ノマ司令部ノ方針ヲ推測スヘキ一資料ナルヘシ」と総括しています(4)。

地方総監府問題の経過を見ると、占領初期の日本政府と占領軍司令部との関係の一面が明らかになります。内務省は独自の判断で行動をとろうとするのですが、司令部の許可がなければ動くことができない。他方で、占領政策がどの方向に展開するのかは、政府関係者にも明確に把握されていないのです。しかも内務省は、直接に司令部との連絡のチャンネルを持っておらず、終戦連絡事務局経由で情報を得ながら行動していています。こうした関係の中では、司令部側の個別具体的な指令や行動を通じて、占領政策の方向とその帰結を判断する以外にはなかったのです。

道州制待望論

敗戦後の新事態は、日本政府側の想定よりもはるかに急に展開していきます。その一つに、総司令部から十月四日に発令された政治犯の釈放、内務大臣の罷免を含む「人権指令」があります。この結果、東久邇宮内閣は退陣して幣原喜重郎内閣が登場します。新内閣では、内務大臣と内務次官も変わるなど、内務省首脳の陣容は大きく変わります。

この「人権指令」は内務大臣だけでなく、府県警察部長、特高課長の罷免までをも要求していました。内務省では総監府の廃止に伴う知事クラスの人事問題を検討した機会に、民間人の知事登用なども考慮していましたが、より大規模な人事異動を行う必要に迫られました。この間、地方総監府問題の決着がつかず、総監府関係の部分を切り離して、十月二十七日に二十七名の知事の交替人事を内務省は発表したのです。

内務省案への世論の評価

内務省は、地方総監府を廃止し地方行政事務局の設置を進めようとしていたのですが、一般の世論はさらに積極的に、道州制の導入や知事公選にまで進むべきだとしていました。

たとえば九月末の『朝日新聞』は「徒らに無用の地方事務局を置いて、勅任次長や書記官の椅子を設けるというのでは、機構は複雑化せられても簡素化にはならない。これでは内務官僚がまたもや勅任官の行き場所を増しておこうとする工夫に外ならないといわれても仕方がなかろう」と批判し、地方行政事務局を廃止するか、「各地方ブロックの元締としての地方行政事務局に中央との連絡、横のブロックとの連係を行わしめ、その下にある各府県には民意を基礎にする自治体的色彩を強化すべき」と論じていました[5]。

さらに十月二十三日の『朝日新聞』に掲載された関口泰の「州庁制断行の好機」という論説では、「十数年前府県知事公選論の一方、道州庁制が叫ばれたことを顧みる必要が起こってくる」として、内務官僚が地方の政治家や財閥と結んで道州制の導入に常に反対してきたことを指摘したうえで、地方総監府の「軍事的目的は否定されても、それを軍事的にも必要とした地方区域の必然性はその基礎として依然存在する」。それゆえに地方総監府を廃止する代わりに「地方総監制を拡充強化して、州庁制的方向に発展」させることを、知事公選制と併せて進めることを求めていたのです(6)。

後述するように内務省は知事公選の方針を発表しますが、その際に、政府が併せて道州制の方針を出さないことに対する批判も強くありました。「政府は府県に対する官治主義を捨てきれないがために道州制の必要を感じない。むしろ府県の官治を道州へ持ってゆかれることを、内務官僚が中心になって反対するのである。しかし府県は曲がりなりにも数十年の自治経験を重ねてきた組織である。この際その自治を完成させると同時に、一方道州庁に対して地方行政官庁たる地位を譲り、かくして地方行政の再編成を行なうべきである(7)」とか、「知事公選を公約した政府が、何故今回の改正に際して道州制度断行の挙に出られなかったのか(8)」などの批判がなされました。

ところで、行政機構の改革は、予算や定員などこれに関連する関係部局の利害関係を変更するため、容易に進めることが困難です。戦時行政からの転換を図ることは、当時の政府にとって大きな課題でした。政府部内で中央行政機構の改革問題を担当したのは法制局でしたが、幣原内閣では関係閣僚による行政整理協議会を設置して、行政機構改革に取り組んでいきます。この協議会は官吏を五割削減する行政整理を決めるとともに、併せて機構の統廃合を検討していたようです。

十一月二十七日の『毎日新聞』は「道州制愈々実現へ　政府具体案を練る」として次のような記事を掲載しています。「政府は行政整理協議会を開いて各省機構の改廃、新設および知事公選、道州制等につき協議を進め……知事公選の実現と共に新たに道州制実施について具体案を研究中であり、ほぼ実現を見るものと見られる……知事公選により地方自治制が確立されてくると行政事務局の規模をもっては地方行政の統轄が不十分となるので、この際一挙に懸案の道州制を実施して、円滑な政治の運営を期さんとするにある[9]」。

道州制案の検討

実際にこの時期、政府部内で道州制を検討する動きはあったようです。大蔵省の愛知揆一らは行政機構改革案として道州制の採用を提言していました[10]。旧内務官僚の廣瀬久忠も、府県の上に間接公選で長官を選ぶ道州制の導入論を展開していました[11]。廣瀬は、小磯内閣当時の内閣書記官長で、地方行政協議会長の任命権を内閣総理大臣にするかどうかめぐって大達内相と鋭く対立した人物です。内務省の地方局内部でも、道州制案や府県併合案の資料整理が行われていたようです[12]。道州制実現案を考えていたとされる当時京都府知事だった三好重夫が、機構改革推進役の次田大三郎書記官長に呼ばれて内閣副書記官長に登用されると、改革はこの方向が進むかと思われました。しかし、その後の公職追放政策で次田が追放され、これを補佐していた三好重夫副書記官長も退官します。その後、憲法改正問題が急展開すると、法制局は憲法改正問題への対応とそれに伴う法制の改革で忙殺され、全般的な行政機構改革への政府の動きは、憲法問題の処理がつくまでは停滞してしまったのです。

学者の間でも道州制導入論は主張されていました。日本の地方制度や行政制度を民政局の担当官に説明した東京帝国大学教授の田中二郎は、地方行政機構改革案として、地方行政事務局の区域に道州庁を設置することを民政局関係者に提案しています。(13)

選挙法改正問題

話は地方制度から少し離れますが、当時進められた衆議院議員の選挙法改正に対する内務省の取り組みについてみておきましょう。「民主主義的傾向の復活強化」に関連して、内務省が戦後への対応として最初に力を注いだのが、総選挙と衆議院議員選挙法の改正だったからです。そしてその経験は、後の地方制度の改正にも影響を持っていたと思われます。

ずいぶん昔のことになりますが、平野力三という社会党系の代議士で、片山哲内閣で農林大臣をした人にインタビューをしたことがあります。平野は戦争が終わったところで何を考えたのか。次のような話をしていました。アメリカは民主主義といっている。民主主義といえば議会政治だ。議会政治は選挙で多数となった政党が政権をとることだ、そう考えて社会党の結党につながったというのです。民主主義＝議会政治＝選挙＝政党、という単純明快な話でした。

内務省内の打合せや関係部局との調整を経て、一九四五年八月三十一日の閣議で総選挙関係の日程などを決めました。それによれば、(1)十一月一日に各市町村で現在の人口調査を行う、(2)十一月二十日に右調査に基づく確定人口の決定を行う、(3)十二月初旬に臨時議会を召集し選挙法別表等の改正を行う、(4)議会を解散し明年(四六年)一月下旬に総選挙を行うことになりました。復員軍人や罹災者の選挙権・被選挙権は特別の措置を講じ選挙に参加させる、などと決まりました。

幣原内閣で就任した堀切善次郎内相と坂千秋次官は、選挙法を大きく変える方向に積極的に動き始めます。十月十一日の閣議で婦人参政権の賦与、選挙権年令の引下げ、選挙区の改正等を中心とする選挙法の改正を十二月初旬の臨時国会で成立させる方針を決定します。翌十二日、幣原首相と会談したマッカーサーは婦人参政権の賦与を求めたのですが、その方針は政府レベルでは既に採用することになっていたのです。

改正案の眼目

選挙法改正法案の眼目は次の三つの点にありました。（1）選挙権、被選挙権の拡張、すなわち選挙権年齢を二十五年から二十年に、被選挙権を三十年から二十五年に引き下げ、女子に対しても同一条件で権利を認める。（2）大選挙区制限連記制の採用。すなわち原則として都道府県を一選挙区とし定数六人以上の選挙区では制限連記を行う。（3）選挙運動取締規定の簡素化。すなわち戸別訪問、官公吏の選挙運動の禁止、運動費用の制限を除いてそのほかの選挙運動の制限を撤廃し、第三者運動事前運動、文書図書の頒布等を自由にする。制限連記制の採用と選挙運動制限の緩和は「選挙法の権威」といわれた坂内務次官が提唱したものでした。

この方針を基本とした法案は十一月二十七日に第八九帝国議会に提出されました(14)。堀切内相は提案理由として次のように説明しました。来るべき総選挙は終戦後最初の、きわめて重大な意義を有する選挙で「この選挙をして真に国民のありの儘の総意を遺憾なく反映、発揮せしめまして純正健全なる新議会を一日もすみやかに形成いたしますことが現下国政運営の根本眼目である」として「清新潑剌たる議会の形成」を期待していると述べていました[15]。

内務省関係者の回想によると、こうした内容の政府案を上程した意図は、一つには新しい事態に対応するにあたって指導者を交代させ、政治を一新させる「人心一新」を目指すことでした。大選挙区の採用は、現議員の地盤の「どんでん返しをして新人を出」すためであり、選挙運動の自由化・選挙権の拡大は、戦争以来「抑圧されていた民衆の気分に広くハケロを作」ろうとするもので、制限連記制はその選択の幅を拡大させるものでした。また婦人参政権は「婦人の落着いた判断」を期待したがゆえのものでした。もう一つ重要なことは「司令部からの関与を受けないように早く事をきめたい」「ぐずぐずしていると司令部から何をいってくるかわからないのでいわれない先にやってしまおうという考え」があったとのことです。こうした背景があり「選挙法の根本に触れる大改正が、異常な手続きとスピードで行なわれた[16]」のでした。

スピーディな選挙法改正

衆議院での審議では、選挙権拡大に関してはほぼ異論がありませんでしたが、制限連記制、選挙運動の自由化に対しては反対論が多く出されました。このため、十二月十一日の委員会で進歩党が提出した修正案——制限連記制を全選挙区で採用し定員十人以下で二名、十一人以上で三名連記とする、選挙運動の制限の若干を従来どおりとする——が可決され、同日の本会議では委員会修正どおり可決されました。

議員の政治生命に関連する選挙法の改正が、このように短時間のうちに、比較的小さな修正で終った理由を考えるには、これを審議した議会の構成をみる必要があります。第八九帝国議会の議員は、四二年四月のいわゆる「翼賛選挙」で選出された議員でした。この議会では、冒頭に議員の戦争責任が問題とされ、戦争責任決議案が上程されるなど、戦時中の議員の責任が問題視されていました。選挙法改正が「清新潑剌たる議会の形成」を期待したのも「翼賛選挙」で構成された議会の再編成を意図したものだったのです。その意味では、翼賛議員が新時代の選挙法改正を審議するには制約条件があったといえるのです。

これに加えて、議会内での行動単位としての会派の母体も変化していました。戦時中の大日本政治会や翼賛政治会は次々と解散し、新たな政党が結成されるという動きになってきたのです。社会党（十一月二日結党）、自由党（十一月九日結党）、進歩党（十一月十六日結党）と相次いで結成されましたが、その政治目標、人事などでの混乱は免れず、強力なる政治指導を行いうる状態ではありませんでした。「人権指令」で指導者が釈放されて活動を開始した共産党は、戦争責任の制約条件からは自由であったものの、議席はもっていませんでした。

衆議院で原案に修正を受けた内務省は、貴族院で原案への再修正を期待して折衝します。貴族院の委員会では制限連記制を修正し、三人以下は単記、四人以上を連記とすることを議決するにとどまり、十二月十五日に衆議院は貴族院の修正に同意します。こうして衆議院選挙法改正は十七日に公布されました。十月十一日の閣議で選挙法改正の方針が決定されてから、わずか六十余日後のことです。しかもこの改正は、占領当局者の強制も干渉もなく、また議会での修正も大きくなく、ある内務官僚のことばを借りれば「我が国で本当に選挙のエキスパートだけで、思いのままに選挙法を作った」[17]ものでした。政府は改正された選挙法に基いて速やかに総選挙を行うこととし、十八日、衆議院は解散されました。翌十九日に閣議で四六年一月二十二日に総選挙を行うことに決定したのですが、司令部からその発表を禁止する命令が来ます。『入江日記』には「マ司令部が『議会の議員構成を一新する意図』をもって、選挙を延期するのでないかとの推測が行われる」とあります。

知事公選論

ここで話を地方制度の改革に戻しましょう。衆議院の総選挙と選挙法の改正が「民主化」の動きに沿うものだったとすれば、地方制度改革で「民主化」の動きに沿うものとしてあがってきたのは知事公選論でした。

敗戦後ほどなく、戦時中の指導者に対する責任追及が行われ、軍に対する反発とともに高級官吏の責任追求、官僚閥の打倒など、反官的世論が急速に台頭してきます。山崎巌内相はこれらに対し官界刷新を行うとして、地方長官に関しては民間人を知事に起用することを内定していました。しかし、世論は民間人知事の登用では小細工にすぎず「問題は更に深刻」として、「府県を地方自治体化すべしというのも識者の均しく強調するところである」と論じ、さらに一歩を進めることを説いていたのです[18]。

世論の後押し

知事公選論については『読売新聞』が早くも四五年八月の紙面で、知事公選論を論じていました。加えて十月二十日の『毎日新聞』は「知事公選を断行　内相決意　特別議会に提案」として、次のような記事を掲げました。

「各府県知事の公選は一般の世論となっているが、堀切内相はこの世論に応じ知事公選の断行を決意するに至った。内相は目下このため研究を進めているが、実現に必要な法令の改正を総選挙後の特別議会に提案すべく準備中である。内相が公選の方式をとる意図としては、従来の如く単なる政府の一方的な命令形式の任用では地方有能人はその出馬を欲しないので、民間人の出馬要請のためには民主主義に立脚して都道府県民自身の手による厳正なる選挙によることが必要であり、当選すれば知事就任を承諾するだろうというのであって、知事任用を公選にすれば府県民は『真に自分等の知事である』との意識を強め、ここに地方政治は円滑に運営されるものと期待される」(19)。

同紙は同日の紙面で「知事公選の方法」に関する世論調査も予告していました。こうして知事公選問題は世論にリードされる格好で、新たな争点となって急に浮び上ってきたのでした。

十月二十七日に地方長官の大異動がありましたが、この日、堀切内相は知事公選の意図を発表し、これに応じて内務省内でも知事公選問題の研究が開始されました[20]。内相の知事公選論は、選挙法改正の発想と同様、「人心一新」論でした。「総て指導的の地位にある人は皆かわるのがいいんだ」という考えが基本です。その方法は住民による直接選挙ではなく、戦前の市長の選出と同じように、府県会が知事を選挙する間接選挙の方法が考えられていたのです。堀切は戦前に、東京市会の選出によって東京市長に就任した経験があり、その方法を知事に対しても考えたとしています。

内務省の不安

知事公選への世論は強まり、大臣の知事公選の方針が示されたものの、選挙法改正の場合とは異なって、内務省内の空気は複雑でした。というのは、知事公選は内務省の行政のあり方に直接に関連したからです。その一つは人事問題との関連です。公選知事制は、内務省からみればその官職の剝奪であるだけでなく、内務大臣の人事権という権限の侵害になります。これは「内務省―府県システム」の変革をも意味する動揺があったのです。いま一つは公選知事の下で生ずるかもしれない行政の混乱に対する不安です。公選知事になると国に対して府県の独立性が強くなり、戦後の混乱の中でさまざまな課題にうまく対応できるのか、という不安がありました。

このように知事公選の問題は、公選の方法、知事の身分をどうするのかという課題、さらにはこれとの関係で府県の廃合あるいは道州制を導入するか否かという問題とも連動する可能性を持っていたのです。その意味で当時の担当者が述べているように「わが国の政治及び行政上の根本原理にふれる問題であるのみならず、各省の中央及び地方を通ずる実際の行政に関係するところきはめて深く、従って国政を左右し、国民生活にも直ちに甚大なる影響を及ぼす」問題でした[21]。要するに、知事公選問題に対する内務省の対応は、選挙法改正問題に比較すれば複雑なものだったのです。

しかし、知事公選問題は世論が後押しする形で進んで行きます。さきに内務省の知事公選方針をいち早く報じた『毎日新聞』は、内務省の試案とともに道州制への動きについても報じていました。

「内務省事務当局で考える一試案は公選知事の身分は官吏とし、勅任または親任とし任期は四ヶ年、東京都及び北海道庁には次長制を設け、その他府県には副知事をおき、これには地方行政の経験者を当て、たとい公選知事が民間から選ばれた地方行政の素人であっても、これを補佐して行政運営の円滑を期さんとするもので、その他の補助機関は従来通りとするなどの案が出ている。……なお内務省では知事公選に関連して今後の問題として道州制の実態を考慮し研究に着手したが、このことは目下存廃の岐路にたって連合軍最高司令官において検討されつつある地方総監府の問題とも関連を持って再び脚光を浴びて登場してきた(22)」。

さらに、十一月十二日の紙面では、先に予告した世論調査の結果を発表し、大多数が知事の直接選挙を希望するという世論が明らかにされました。これによれば、直接公選を可とするものが最も多くて二千名中千百九名、道府県会による間接選挙を可とするものは四百九十四名。つまり直接選挙を志向するものが多かったのです(23)。

この時期の内務省の知事公選構想を、直接に内務省の資料で確認することはできません。しかし、四五年末までにまとまったところでは、選挙方法は府県会による間接選挙とし、公選知事の身分は官吏として府県の完全自治体化は図らない、そして現行府県の区域の廃合は行わない、という内容を骨子とする案だと伝えられています(24)。

ところでこの時期に論ぜられた地方制度の問題は、知事公選だけではありませんでした。市制町村制を含む「現行地方制度を昭和十八年の改正前の制度に復帰すべしといふ主張」もまたみられたのです。内務省の内部でも市制町村制の改正という問題がとりあげられ、十二月三十一日には「市制、町村制ノ改正要綱」を決定しています(25)。九月中旬の地方総監府の廃止審議の時点では「慎重ヲ期スベキ」と考えられていた地方制度の改正問題が、年末には、知事公選と市制町村制の改正にまで及んできたのです。そこでみられる改革の基調は「戦時から平時へ」の復帰と「民主主義的傾向の復活」への傾向、より正確にいえば、戦時下の四三年改正以前の地方制度改革の傾向に沿った改革であったと考えられます。すなわち、府県と市町村との性格の区別は前提としたうえで、府県の自治制度を市町村の制度になぞらえ、市長の選任方式をモデルとして府県知事を間接公選するという構想が考えられていたのでした。

占領政策の見方

ここで視点を変えて、占領軍の側の戦後対応を見ておきましょう。最初に、占領政策を見てゆく際に注意すべき、いくつかのポイントを話しておきたいと思います。

第一に、占領の組織です。連合国軍総司令部（GHQ／SCAP）はマッカーサーが率いる米軍の組織を中心としていました。総司令部は軍の組織ですが、職業軍人だけによって構成されていたわけではありません。もとは民間人として活躍していた人が戦争で徴用されて軍人となったという人も参加していますし、純粋な民間人も参加しています。職業軍人とこのような民間人出身者との間には改革に対する温度差があり、それが部局間の対立になることもありました。

第二は占領政策です。日本で展開された占領政策は連合国の政策とはいえ、実際には主としてアメリカで準備されたものでした。それに加えて、よく指摘されることですが、大きな組織においては、政策を決めることと実際にそれを実施することの間にはギャップがあります。アメリカの大きな政策方針に基づきつつも、実際に具体の政策の実施をしたのはマッカーサーの率いるＧＨＱであり、日本政府が直面したのはＧＨＱが展開する政策だったわけです。

第三は、人事のあり方です。実際にＧＨＱが政策を実施してゆく際には、個別の担当者の考え方が強く出ている側面があります。したがって具体的な政策の展開に際しては、担当した人物についても着目する必要があるのです。

軍政局から総司令部へ

最初に占領軍の組織について見てゆきます。日本がポツダム宣言の受諾を通告した直後の八月十四日、米国太平洋陸軍の司令官（Commander-in-Chief, United States Army Forces, Pacific: CINCAFPAC）のマッカーサー元帥は連合国軍最高司令官（Supreme Commander for the Allied Powers: SCAP）に任命され、米軍と連合国軍の二重の任務を負うこととなりました。八月三十日にマッカーサーとともに占領軍が日本に入ってきましたが、このときには、後にＧＨＱと略称される連合国軍総司令部（ＧＨＱ／ＳＣＡＰ）という組織はまだありませんでした。米軍の司令部が連合国軍の司令部の機能を兼ねていたのです。

当時、日本の占領に責任を負うとされていたのは太平洋陸軍司令部（ＧＨＱ／ＡＦＰＡＣ）の軍政局（Military Government Section: MGS）という組織でした。米軍では占領地での軍政をどのように行うのかを記した『軍政マニュアル』という資料が作られており、軍政局についても標準的な形が決めてありました。[26] それによれば、軍政局は軍の参謀長に直属し、主任軍政将校（Chief Military Government Officer）が占領の全責任を負って、現地の状況に合わせながら少しずつ組織作りを進めるとされていました。

太平洋陸軍軍政局がフィリピン・マニラで設置されたのは、四五年八月五日でした。

当時のアメリカ側は日本の降伏はまだ先のことと想定していました。十月に九州地方を攻撃して本土占領を開始し、四六年春に関東地方の占領を始めるという想定だったのです。ところが、この頃になって日本が突然降伏する可能性もあるとして、急遽、軍政局が作られたのです。

軍政局の主任軍政将校（軍政局長）に任命されたのは、沖縄の主任軍政将校だったW・E・クリスト（William E. Crist）准将です。クリストはワシントンに帰国して陸軍省民事課と調整をはかり、また軍政将校の人員の補充を受ける打合せを行っていました。[27]クリストが不在だった間は、臨時局長としてC・E・エリクソン少佐が就任していました。新組織といってもエリクソンの外に二名の将校と五名の下士官がいるだけで、エリクソンと四人の下士官は、マニラのフィリピン民事部隊（Phillipines Civil Affairs Unit: PCAU）から突然、この軍政局に配属されたのでした。[28]

ここで軍政とそのための要員の教育訓練について、簡単に触れておきます。軍政（military government）とは占領地で一般民に対して軍が行う統治のことで、民事行政（civil affairs）ともいわれます。一般民を対象とする行政なので、法律だとか財政、衛生や福祉、教育・宣伝などさまざまな行政分野をカバーする必要があります。こうした行政を職業軍人が担当することは難しく、第二次大戦中のアメリカでは、民間人の経験を持つ軍人を軍政官に教育してゆく動きがありました。このため陸軍と海軍に軍政学校が作られました。軍政官は、そこで約六カ月間、軍政に関する法律や国際法などを学び、その後に一般の大学に置かれた民政訓練学校（Civil Affairs Training School: CATS）でさらに相手国の言語や文化、そして実際の軍政に伴う課題の研究などを行っていたのです。こうした軍政要員の教育訓練は、当初はドイツなどヨーロッパの国を対象としていたのですが、四三年頃から日本に対する軍政要員の訓練も開始されます。アメリカの主要な六つの大学に日本向けの民政訓練学校が作られ、そこでの訓練を終えた将校はカリフォルニアの民事集合基地（Civil Affairs Staging Area: CASA）で待機することになっていました。四五年八月時点で三千名近くの軍政要員が養成されていたのです。

クリストが局長に着任した八月二十日以後は、アメリカ本国のCASAで待機していた日本軍政向けの訓練を受けた将校がマニラに到着し、沖縄から派遣されてきた軍政将校も加えて、九月一日までには将校七十名に増えています。この他、二百三十名の軍政将校が、日本占領に当たる第六軍、第八軍、第二十四軍団に配属されています。

軍政局の仕事は占領初期に出す布告や命令を準備する作業が中心でした。そしてそれは、占領軍司令官が全権を握り、日本に「直接軍政」を布くことを前提としていました。当時の計画では、日本が降伏をする前に、沖縄に見られたように日本本土を部分的に制圧して占領し、そこに次々と軍政を布くことが想定されていました。実際、沖縄でも米軍の占領が始まるとニミッツ提督の名前でニミッツ布告が出されています。最終的に日本が降伏して全土を占領するにしても、当初は直接軍政を布くという想定で計画が作られていたのです。こうした想定があったために多数の軍政要員を養成していたのです。マニラの軍政局でも、通例に従って占領に関する三つの基本的布告（①一般条項、②犯罪に対する軍事裁判所の設置、③占領通貨（軍票）の使用）を作成し、英日両語で約十万部を印刷していました。

占領計画の修正

ところが、八月十四日に日本がポツダム宣言受諾を正式に申し出ると、これまでの占領計画を修正、変更する必要が生じました。というのは、ポツダム宣言には日本政府の存在を前提とした文言が含まれていたため、日本政府の存続を前提とした「間接統治」の占領計画に修正する必要があったのです。とはいえ、実際に進駐軍に対して日本側が満足しうる程度の服従が示されるか、それとも日本政府や国民が抵抗するかなど不確実な要素もあったので、直接軍政を布く場合も、同時に考慮する必要がありました。

ワシントンでの「間接統治」への政策修正は、八月二十二日にほぼ形ができあがります。それをマニラのマッカーサー司令部に伝達し、マッカーサー司令部でもこれに沿って計画が練り直されて、新たな軍政計画の指針となる軍政局付属文書第八号という文書ができます。[29]この文書は「連合国最高司令官は日本および日本国民に対する管理を、可能な限り最大限に、天皇およびこの目的に適合する日本帝国政府の諸機関を通じて行う」として「連合国最高司令官は必要な全訓令を天皇または日本帝国政府に発し、日本政府および国民は、それ以上の強制なしにかかる訓令を実行するためのあらゆる機会が提供される」としたのです。これにより、いわゆる「間接統治」の方式が、占領を実際に担当する現地の軍政局の基本方針としても確定したのでした。

二日後の八月三十日、マッカーサーは厚木に到着し、直ちに横浜にGHQを置きます。この日夜には、軍政局の先発隊も五名が横浜入りしました。その後九月一日までの間にクリスト局長を含めて将校八名、下士官十一名、通訳三名、民間人一名が横浜入りしたのです。[30] クリスト局長は九月二日の降伏文書の調印式に出席した後、日本に対する三つの布告文を、終戦連絡横浜事務局の鈴木九萬局長に手渡しています。これがどういう判断だったのかははっきりしません。短期間の方針変更が徹底していなかったのか、それとも日本側の出方を見るつもりだったのかもしれません。ともあれ、二日から三日にかけて、日本政府側から、国民に直接に布告を出すことに反対する申入れがあり、結局、布告文は公表しないこととなりました。軍票についても日本側から必要な通貨を提供するという話があり、これ以上発行しないことにしています。

軍政局の廃止

占領が始まり、軍政局のメンバーは多忙に動いていましたが、人員不足は明らかでした。クリストは、数百名の将校や下士官が必要になる、そのためのオフィス・スペースが必要だなどと計画を練っていました。[31] ところが軍政局の関係者にとって予想外の展開となったのは、九月十五日に総司令部の特別参謀部（Special Staff Section）として経済科学局が、次いで二十二日には民間情報教育局が設置されて、軍政局から独立したことでした。そして二十六日には、サザランド参謀長が軍政局員を前に次のように述べたのです。①ポツダム宣言と降伏文書を強制するにあたり日本政府を通じて行うという方式が満足に動くかぎり、直接軍政は行わない。②最高司令官に対し、日本占領の非軍事的事項に関して助言を与えるためにいくつかの特別参謀部を設置する。③AFPAC軍政局は廃止し、その人員は新設の特別参謀部に移すか、あるいは朝鮮の軍政府に移すこととする。これはすなわち、特別参謀部を設置して軍政局を廃止するという宣告にほかならなかったのです。

軍政局はなぜ廃止されることになったのでしょうか。まず第一には、軍政局が沖縄や本土作戦中の「戦闘中の直接軍政」を想定して設置された組織だったことも関係があると思われます。こうした前提だったので軍政局は構成人員も少なく、その担当者も司令部の他の参謀部（General Staff Section）に比して低い階級の責任者が担当していました。[32] ところが、想定したよりも早い日本の降伏となり、「間接統治」方式の占領方式の採用という新たな事態によって、「直接軍政」方式を前提として設置された軍政局に日本占領の全責任を担当させることでは不十分となったのです。

占領開始直後の日本側の反応は、「間接統治」方式を採用しても占領が可能であることを印象づけました。さらに占領直後の日本軍の武装解除等の軍事的措置が比較的スムーズに進行したため、占領の任務は次第に、軍事的活動から軍政活動に重点が移ることになりました。同時に、占領に対するアメリカの基本政策も明らかになってきたのです[33]。こうした事態の進展に応じて、あらためて軍政担当部局の再編が開始されたと考えられます。

特別参謀部の設置

新たな軍政の課題を担当する連合国軍総司令部（GHQ／SCAP）の特別参謀部は、先にできた経済科学局、民間情報教育局を含む九局で十月二日に発足しました。それとともに十月四日、AFPAC軍政局は廃止されました。GHQ／SCAPの発足は、日本での占領統治の目的が、軍事的使命ではなく軍政＝非軍事活動に移行したことを示す制度的な表現だととらえることができます。

繰り返しになりますが、新たに設置された特別参謀部は、日本占領の非軍事的側面に関して、最高司令官に助言を与えることを任務としていました。とはいえ、この助言・勧告は、軍事的任務をも有する一般参謀部（G-1、G-2、G-3、G-4）の同意を得た後に、参謀長経由で最高司令官に伝達されることとなっていました。しかも、SCAPの参謀長と参謀部は、戦闘部隊の組織である太平洋陸軍司令部の参謀長、参謀部が兼任していたのです。

民政局の発足

アメリカの対日政策は「初期の対日方針」として九月二十二日に発表されました。日本の新聞でも九月二十四日には報道されています。ここでは非軍事化・民主化という占領政策の基本が述べられているのですが、地方制度については何も言っていません。もう一つ重要な政策文書として「初期の基本的指令」があります。この「基本的指令」の中に「国の政策の地方的実施に対し地方に責任をもたせることは奨励される」という一文がありました。この指令は、実際に占領軍に対する指令として拘束力を持ちました。そのため、この「基本的指令」であがっているさまざまな政策を割り振る形で、GHQ各局の任務が決められたのでした。この指令は正式には十一月八日に伝達されたとなっていますが、草案段階でマッカーサー司令部にも伝達されていました。

十月二日に設置された特別参謀部の一つに、民政局がありました。民政局の任務は、日本政府の内部構造と朝鮮の軍政府の地位と政策に関し、最高司令官に助言を与えることでした。日本政府については、①帝国政府と付属機関の非軍事化、②帝国政府の分権化と地方の責任の奨励、③人民による政府を阻害する傾向をもつ封建的・全体主義的行動の除去、④日本の戦争潜在力を維持させ占領目的達成の妨げとなる政府とビジネスの関係の除去、これらに関して勧告を作成することでした。民政局長には軍政局長のクリストが横滑りして就任しました。クリスト局長は、覚書や文書の形式を整えたり、コピーの取り方や配布先を正確にするなど、局内の事務手続きの整備に関心がある人だったようです。また地方における軍政部局と民政局との関連についても、関心を持っていたように思われます。

十月十一日付けの民政局の人員は総員二十二名です。日本の内政に関わると思われる行政係は、ケーディス係長ら七名が計画、議会、法律の三班に分かれて担当していました。これでは人員が不足するので、大佐級から軍曹まで含めて十数名の人員増を要求していました。その後、十一月十四日には民政局の人員は二十六人となり、ケーディスの行政係は十四名と倍増し、計画、立法のほか、外事班（Foreign Affairs Unit）の三班に再編されています。

民政局の公式記録には、構成メンバーは次のように記されています。

「局の人的構成は興味深い研究課題となる。最初のスタッフは陸海軍将校、下士官から成る全員軍人であった。将校の大部分は臨時または予備将校で、彼らの民間人としての背景は真に変化に富んだものであった。連邦・州・都市での役人、実業家、大学人等。彼らの大部分は日本への赴任に先だって軍政の特別訓練を受けるかあるいはヨーロッパ戦線、フィリピン、陸軍省で軍政・民事の役職を経験していた。時が経つにつれ『文官化』(civilianization)が始まった。政治、政治学の諸分野の訓練を経た専門家、行政官、事務職がワシントンの陸軍省を通じて四五年十二月には到着しはじめた。これに加えて主要な人員の大部分は軍務期間満了後も民間人として、その任務の達成までは地位に留った(34)」。

民政局初期のスタッフには、軍政局のスタッフとの相当の継続性があり、軍政学校修了生が数多く含まれていたのです。

地方制度改革の担当者たち

民政局の任務の一つとして「日本帝国政府の分権化と地方の責任の奨励」がありました。民政局の政策方針は「分権化」という点では一致していたのですが、それを具体化するには、その時々の担当者の考え方によって幅があります。民政局はいろんな背景を持つ人の寄せ集め集団でした。ですから、民政局で日本の地方制度改革に関わった人の、簡単な経歴とその考え方を見ておくことにしましょう。

分権化案を準備したハッシー

十月十一日付の任務分担表では、アルフレッド・R・ハッシー（Alfred R. Hussey）海軍中佐が、日本政府の構造の調査を行うとともに、分権化に関する提案をも行うことになっています。ハッシーはマサチュセッツ州出身でハーヴァード大学卒業後、ヴァージニア大学のロースクールを卒業した弁護士です。マサチューセッツ州の裁判所の補助裁判官を務めたり、地方自治体でさまざまな役職に就いた経験もあります。プリンストン大学の海軍軍政学校を卒業した後に、ハーヴァード大学のＣＡＴＳを卒業しています。

ハッシーの考え方を「政府の分権化」と題する手書きの草稿を手がかりに検討してみましょう[35]。草稿は最初に、中央集権化した日本の政府構造を明らかにしています。そこで指摘されていることを摘記すると、（1）議会は諮問的役割しか持っていない、

(2)行政部では内務省が最も深くかつ直接に地方政府に関係を持ち、すべての地方政府は内務省に支配されている、(3)他の省庁――大蔵、文部、司法、農商務、厚生、運輸等――もそれぞれ地方政府と関係を持っている。そして各レベルの地方政府組織については、(1)地方総監府は下からの代表を持たず中央政府の行政機関である、(2)県は基本的には中央政府の下部行政組織であり、地方自治の単位としては活動しておらず、知事は中央政府の政策実施の責任を負う政府の役人である、(3)府は地方総監の直轄下にある拡大された都市組織(enlarged city organization)である、(4)市町村は中央政府機関による広範な監督を受けている、(5)政府のレベルが下になるほど地方自治権は大きくなるが、警察と教育は上から支配されている、としています。このように、中央政府の政策を執行するために数多くの公式・非公式の機関が地方の動きを監督・統制していること、地方政府が国の政府に影響を与えるような機関が存在しないこと、地方政府が専ら活動する領域と中央政府が専ら活動すべき領域の明確な区別がないこと、職員は上から任命され上に対して責任をとり、地方財政も大蔵省の決定に依存していること、これらにハッシーは特に注意を喚起しているのです。
　こうした現状に対して彼は「頂点における権力の集中を破壊して地方社会の手に自

らを治める権力を与える」構造変革が必要だとして、(1)純粋に地方に関する事務はすべて地方社会に委ねること、とりわけ警察、税、教育、公共事業、(2)地方総監府は再編して特定の機能に限定する、(3)任命と選挙の制度を全面的に改め、知事その他の職員、市町長、県市町議員を公選とし、地方議会選挙の回数を増やし、選挙で選ばれた職員に任命権を与える、(4)国のレベルでも内閣の議会に対する責任を明確化し、議会の権限の拡大をはかるとともに議会の地方自治破壊を制限するような改革を必要とする、としています。

彼の考え方で注目すべきことは、中央政府と地方政府の改革を不可分のものと考えていることです。特に内閣に対する議会の強化や、中央と地方の活動領域の明確化などを強調しています。この覚書は、民政局が憲法改正に積極的に取り組む以前のものですが、実質的にはそれにつながりうるような構想でした。

憲法改正に取り組んだラウエル

十一月十四日に民政局行政課企画班の任務分担が組み直されます。ハッシーはそれまでどおり国、地方を含む政府組織の改革、非軍事化と分権化を分担したのですが、新たにマイロ・ラウエル（Milo E. Rowell）陸軍中佐、セシル・ティルトン（Cecil G. Tilton）陸軍少佐の名前が現われます。彼らも地方制度改革において重要な人物です。

ラウエルの分担は喪失領土の政治・行政の分離と憲法改正でした。ラウエルはカリフォルニア州出身。スタンフォード大学卒業後、ハーヴァード大学ロースクールに入学するもののスタンフォード大学のロースクールに転じてそこを卒業し、故郷で弁護士に従事。陸軍軍政学校を終えた後にシカゴ大学のCATSを卒業し、そこで講師などを務めたことのある人物です。

ラウエルは十二月初めには日本の憲法に関する予備的研究をまとめています[36]。彼は憲法改正の際には「地方に責任を分与すること」としており、府県と市町村に一定の範囲での地方自治を認める規定を置くべきことを提案していました。具体的には、（1）国会が府県や市町村の内部事項について立法できることを限定すること、（2）府県および市町村に代議的地方政府組織を保障すること、とりわけ、（a）公選による議会をおいて課税、財産の利用、公益事業権を与えるとともに一切の立法権を議会の手に委ねること、（b）知事、市長、税務署長、収入役を公選にすること。さらに、（3）中央政府は弾劾または裁判手続によるのでなければ、選挙で選ばれた地方の公職者の罷免あるいは権限行使の制限ができないこと、(4)国民に公選による公職者をリコールにより解職する権利を保障すること、をあげていました。ラウエルは、憲法に地方自治を保障する規定をおくことをうち出すとともに、国会による地方自治侵害に対して考慮し、財産権を含む地方自治への関心、中央―地方関係の司法手続による処理など、地方自治に関心を寄せていたことがみてとれます。

「日本通」を任じていたティルトン

地方制度改革に関与したいま一人の人物はティルトン少佐です。[37] 十一月十三日の分担表では、彼の分担は日常の報告、その他特別の報告、政治の現状調査となっています。ティルトンはアリゾナ州出身。カリフォルニア大学バークレー校で学士及び修士を取った後、ハーヴァード大学のビジネススクール修了。ハワイ大学、コネティカット大学で教えた経験があります。米航空会社(United Aircraft Corporation)の相談役、ワシントンDC、プエルトリコ、ヴァージン諸島、パナマ、オレゴン、ワシントン州等で価格行政の専門行政官の経歴もあります。一九三〇年代に日本、中国、満州、朝鮮を旅行して極東の政治経済調査を行ったことがあり、軍務には一九四三年八月からついています。憲兵司令部学校、軍政学校を卒業し、シカゴ大学ＣＡＴＳで極東に関する軍政の講師をしたことがあり、その当時からラウエルを知っているそうです。その後、本文三五〇ページに及ぶ陸軍軍政マニュアル『日本の政府と行政』（いわゆる『民政の手引』）を執筆し、自分では民政局内の「日本通」をもって任じていたと思われます。ティルトンの名前は前述のように田中二郎教授が、四五年の秋から日本の地方制度を彼に説明したことで知られています。彼については後で詳しく触れることとします。

話は少しそれますが、私はティルトンにインタビューをしたことがあります。一九八〇年にサンフランシスコの郊外のモラガにあるティルトンの自宅に行きました。この頃には奥さんを亡くされて、大きな屋敷に一人で犬と一緒に住んでいました。インタビューでいろいろ話を聞いたのですが、もう高齢だったためか、話が脈絡を外れて同じような答えも多く、一対一での話に苦労をした覚えがあります。ティルトンには話を聞くだけでなく、原史料がないかという期待があったのですが、日本の誰かに史料を貸したのだが戻って来ないといって警戒されました。

私の一番の狙いは田中二郎がティルトンにしたという講義のメモのようなものがないかということでした。書斎を探したのですが、わかりませんでした。話が長くなると、便利が悪いところなので「泊まってゆくか。料理人も執事もいないが」といわれて泊めてもらいました。夕食は近所のファミレスのようなところで一緒に食べました。泊めてもらったのですが、ときどき犬のうなり声が聞こえるお化け屋敷のようなところだったので、落ち着いて眠ることができなかったことを覚えています。

ホイットニーの任命と文官化

さて、民政局が設置されたからといって、すぐに民政局による積極的な「改革」への取り組みが始まったわけではありません。最初は日本側の関係者との接触を図り、さまざまな情報を収集するところから活動を始めました。民政局ではティルトン以外のメンバーも、日本の学者から情報を収集していました。地方制度に関していえば、田中二郎の外にも蠟山政道、宮沢俊義、杉村章三郎などの学者が民政局の担当者と意見交換をしていた記録があります。

ところで、クリスト局長は十二月十一日付けで参謀次長宛に、委ねられた任務についての報告を行っています(38)。これは次のようなものでした。民政局は「初期の基本的指令」で命じられた作業の一部を除いて完了した。「基本的指令」は長期的政策の形成を求めていないが、民政局は一般命令で求められた勧告を作成する準備はある。こうした政策形成は基本的には文官（civilian）の仕事である。軍事段階から文官段階への移行のために民政局を完全に文官化（civilianization）するべきである、とクリスト局長は提案をしていたのです。

ところが、その数日後に、突然クリスト局長は更迭されてしまいます。後任はマッカーサーの腹心で、法律家のホイットニーが任命されました。マッカーサーは自分がフィリピン時代から信頼するホイットニーを要職に据えたかった、ということは理解できるのですが、なぜこのタイミングだったのか、などわからないところは残ります。ともあれ、ホイットニーは十二月二十二日、参謀長宛に覚書を書いています。そこで、クリストの十一日付け覚書に関して、初期の作業は終わったとすることに異議を唱えているだけでありませんでした。クリストが提案する新たな段階での「文官化」についても、調査・分析を行うのは文官でもよいかもしれないが、軍事占領を継続する限りは、民政局の残りの人員は軍人であるべきだとして、「文官化」に反対の意向を示しています。(39)

ところが、十二月二十六日になって次長のケーディスは、ホイットニー局長に対して行政係を再編し、計画グループ（Planning Group）と作業グループ（Operation Group）にすることを提案しています。それによれば、計画グループにはヘイズ中佐を長として、現在来日途上にあるものを含む約二十名の文官を充てる。一方、作業グループは内事班（Internal Affairs Unit）、外事班（External Affairs Unit）、司法班（Judicial Affairs Unit）とし、内事班では中央政府組織をハッシー、県・地方政府の再編をティルトンが分担し、ラウエルは司法班を担当することを提案していました。

民政局の政策展開

先に、敗戦直後に内務省がどのような動きをしていたかを見て来ましたが、ここではそれらの問題を、民政局がどのように考えていたのかを見てゆくことにします。

地方総監府問題

先に紹介したように内務省は、終連を通じて地方総監府の廃止と地方行政事務局の設置要請を九月二十八日に提出したものの、十一月一日になってようやく内務省の要請をそのまま認める旨の回答が総司令部からありました。この間の民政局の動きはどうだったでしょうか。

内務省からの要請がなされたのは、まだ軍政局時代でした。十月一日に情報提供を内務省に求めたのは、軍政局政府課のマキニスという人でした。ところが軍政局が民政局に再編されて、政府の再編成問題はハッシーの担当となります。ハッシーは「分権化」に関して検討しており、入江誠一郎地方局長と面会するなどして情報を集め、新設予定の地方行政事務局は既存の地方総監府とほとんど変わらないと判断をして、日本政府の提案では政府の分権化や地方自治の強化にはならない、と結論づけました。そこで、地方総監府の廃止は承認するが地方行政事務局の設置を認めない、とする覚書案を書いたのです。

クリスト局長はこの提案を参謀部に送るのですが、参謀部からの反対で、地方行政事務局の設置を認める結論になったという経緯です。参謀部では、これを設置したところで日本の民主化は遅れないし、占領業務を容易にできる。日本の民主化は下からなされるべきで、それは府県知事の公選でなされるだろう、というのが理由だったようです。[40] 民政局の意見が拒否され、参謀部の意見が通ったのでした。

選挙法改正問題

次に選挙法改正問題です。この問題に対する民政局内の動きを見ると、ここでも必ずしも積極的な動きをとっていなかったようです。

民政局が選挙関係で動こうとした一つの問題は、十月二十九日に日本政府から出されたある要請でした。これは、翌年一月に予定していた総選挙の実施に関するもので、数多くの島嶼へ航海が禁止されているので、これら地域で総選挙をするのに格段の配慮を願いたい、というものでした。民政局にとっては、総選挙の実施に関しては手続き的問題がありました。「初期の基本的指令」は、選挙の実施はワシントンの統合参謀本部の承認を得る必要があるとしています。組織の内部手続きを重視するクリスト局長は、まず参謀長の同意を得て、その上で統合参謀本部の承認を得ようと調整に着手しました。しかしうまくゆかず、結局、この問題の最終的な解決は後任のホイットニー局長に委ねられたのです。(41)

民政局で衆議院議員選挙法の改正問題を担当していたのはロウスト（Pieter K. Roest）でした。彼は、十一月に内務省の鈴木俊一行政課長と会談して、選挙法改正について詳しい事情を聴取したりするなど、日本側の動きに注目していましたが、特に何も指示をしていません。[42] 十二月十九日には、「人権指令」で釈放された政治犯の選挙権の回復指令が民間諜報局（CIS）から出されており、入江地方局長は選挙期日の発表を禁止すべきとの命令を受けています。入江は二十六日には、ロウストから「改正選挙法が真に民主的なりや否や」について綿密に検討をするために選挙が遅れている旨の話を聞いています。

民政局の局長がクリストからホイットニーに交代したのはこのような時期です。そしてホイットニーが、民政局のスタッフに新局長の存在感を印象付けたのは、選挙法改正をめぐる処理に関してでした。その経過はウイリアムズの『マッカーサーの政治改革』（朝日新聞社、一九八九年）に詳述されていますので、それに基づいて経緯をみておきます。[43]

ホイットニーは、局長就任十日後の十二月二十四日、局員全員を集めて、マッカーサーが「民政局を占領行政の大黒柱と考えている」旨の話をします。その後、同月三十一日に再び局員全員を集めて、日本政府が要請している選挙法について、局員から賛否についての意見を聴取しました。担当者のロウストは、この選挙法改正に干渉すべきではなく、この法律でも公正な選挙が行いうる、と主張します。対してラウエルは、記号式ではなく自書式の投票で、制限連記制では民主的ではない、したがって認めるべきではないとする意見でした。局内の意見が分かれたのです。

年明けの一月二日に行われた討論には他の部局の関係者も参加していましたが、最終的な参加者の賛否は、指令を出して選挙法の改正を指示するというラウエルの意見に、賛成が二十名、日本側の選挙法を認めるとするロウストの意見に賛成が七名でした。ホイットニーは二日後、今度は民政局のメンバーのみによる投票を行いました。ここでもラウエルに賛成の者が十五名、ロウストの意見に賛成の者が五名で、民政局の多数意見は、指令を出して選挙法改正をさせることでした。

ところが驚いたことにホイットニーは、民政局の多数派意見に反して、日本側提案の選挙法の下でも民主的な選挙は行いうるという結論を出して、それをマッカーサーに勧告したのです。民政局員にとって、自分たちの意見が無視されてショックが大きかったのですが、それよりも大きなショックは、マッカーサーがホイットニーの勧告をそのまま受け入れたことでした。クリスト局長時代には、民政局が提案した政策が認められることはなかったのに、この一件によって「マッカーサーが民政局に多大な関心を寄せていること」を知り、「民政局が一夜にしてGHQ内で圧倒的に優勢な位置にのし上がったことをわれわれは知った」とウイリアムズは記しています。日本側の選挙法がそのまま認められたのには、こうした背景があったのです。

地方制度改正関係

地方制度改正で中心となったのはティルトンでした。彼の当初の活動は、政策の作成というよりも、それを決定あるいは実施する際に必要となる日本の地方制度の現状調査でした。田中二郎教授がティルトンに対して、継続的に日本の地方制度の説明をしたこともよく知られています。(44) 田中の回想によれば、ティルトンに対する田中の「講義」は四五年十月末ごろから四六年十一月ごろまで、毎週一、二回行われたようです。「聴き手は大体ティルトンが中心でした。ティルトン自身は日本の地方制度については何も予備知識を持っていなかったので、何から何まで聞き出そうとしていたようです。彼等の求めていたのは、地方制度の法律的説明ではなく、むしろそれを前提としてそれが実際上にどう運用されているかということでした(45)」と回想は伝えています。

ティルトンは、並行して内務省官吏とも接触していたようです。「内務省からは、十月、十一月にかけて地方局宇佐美毅総務課長、金丸〔三郎〕行政課事務官等が総司令部にゆき、ティルトン少佐、ストーン女史等に市制、町村制、府県制、地方官制等の説明を行った」とされています。田中によると、ティルトンは「内務省に対して非常に不信の気持が強かった」といい、「私が行っているときにもときどき役所の人が呼び出されてくるのですが、私たちに対する態度とは全然違うのでびっくりしました」とあります。

さて、十一月二十三日の日付を持つハッシーの手書き覚書は、日本側が提案する政府組織の改革案には注目すべき三つのものがあるとして、内大臣府の廃止、内務省の知事公選案、東京など大都市の自治権要求をあげています。(46) ここで出されている知事公選案は、府県議会が知事を選出する案で議会の権限を拡大しようとするものですが、同時に任命副知事制を考えており、「この提案は結論を出す前に注意深く研究さるべきである」とハッシーはしています。ハッシーはさらに、大都市の運動は、大都市の長の公選に加えて、議会の権限を警察を含むほとんどすべての分野に拡大しようとするものだ、と説明しています。戦前の特別市運動の流れを汲む大都市の自治権拡張の動きは、敗戦後、再び活発化していました。六大都市の正副議長たちは「自治的大都市制度」並みの自治東京都制の確立実施を要望する「決議」を総司令部に提出するなど、積極的な運動を展開していたのです。

ティルトンは十二月末の民政局の組織再編により「府県、地方組織の再編、地方選挙制度、調査報告」の責任者とされます。この時期のティルトンの構想を伺わせる文書はほとんど残されていませんが、ハッシー文書にティルトンのものと思われる、日付と署名のない、ある手書きノートがあります。このノートは次のことを指摘しています。知事を任命制から選挙制に変えるとすれば、憲法十条と地方官官制の改正、内務省官制の廃止が必要となること、そして、公選知事制が県民や県会に対する責任を持つことを意味するとすれば、中央省庁とくに内務省の改組、行政・人事の調整などにまで改革が及ぶことを指摘しています。(47)『日本の政府と行政』を書いたときの知識と、田中教授と接触して勉強した成果というべきかもしれませんが、書き手のそれなりの日本の制度理解を現わしています。

内務官僚の自信と誤算

ここまで民政局担当者の経歴や覚書の内容を見てきました。これらはどのように評価できるでしょうか。田中や内務官僚は、彼らは日本の地方制度について何の知識もなかったといっており、草柳大蔵はそれを額面通りに受け取っています。しかし私は、彼らは民政訓練学校での訓練などを通じて、日本の制度についての一般的な教科書的な知識、草柳がいう「通念」的な知識はあったと考えます。ティルトンが田中の講義を聞いたのも、法律的知識はわかっていたうえで、実際がどのようになっているのかを知りたかったのでしょう。いわば、行政法的規範論についてではなく行政学的実態を知りたかった、別の表現を使えば、総論ではなく各論を知りたかったのではないかと考えます。

もちろん、彼らの持っている一般的な知識というのは、内務官僚の専門知識からすれば「何も知らない」のと同じだったことでしょう。小林與三次は『私の自治ノート』で、アメリカ人の担当者と選挙管理委員会の導入をめぐる折衝のやりとりの中で、自分はいつでも総理大臣になれるがミスター・ヨシダ（＝吉田茂総理）は地方制度や選挙制度については説明ができないのだと言いたてた、と書いています。小林にとっては、ミスター・ヨシダでさえ素人なのです。同じ内務官僚で警保局育ちの原文兵衛は、一時警保局から地方局に移った際、「地方局の仕事がさっぱりわからず借りてきた猫のようにじっとしていた」と回想しています。地方制度に関して彼らに匹敵する知識を持っているのは、アメリカ人はおろか日本人でも少なかったのです。いわんや占領軍の外国人が「何の知識もない」とされるのは当然だともいえるでしょう。

四五年八月から十二月頃までの内務省と民政局の状況は、以上にみたようなものでした。内務省は「戦時から平時へ」の動きから「民主的傾向の復活・強化」へと動きを進め、時間のずれはあったものの、さほど占領軍からの抵抗なしに自分たちの考えを実現することができました。他方で、軍政局から再編された民政局はいろんな問題に取り組み始めたものの、参謀部との関係で政策を実行することができませんでした。ところが、四五年暮れにホイットニーが局長に就任すると、初めて民政局の政策がマッカーサーの支持を得られることとなったのでした。

選挙法改正の成功体験の再現をもくろむ内務省と、日本の政治改革に関わり始めた民政局が直接に対峙することとなったのが、次章で触れる一九四六年の地方制度改革だったのです。

注

(1) 自治大学校編『戦後自治史Ⅱ(昭和二十一年の地方制度の改正)』一九六一年、二―三頁。

(2) 金丸三郎「地方総監府及地方行政事務局に就て」「自治研究」第二十一巻十一号、一九四五年、一二頁。

(3) 国立国会図書館憲政資料室、佐藤達夫関係文書二一九八「地方総監府廃止・地方行政事務局　昭和二十年」。＊

(4) 入江誠一郎氏追悼集刊行会『入江誠一郎氏を偲ぶ』一九六五年、三八頁。＊

(5)「機構簡素化か複雑化か」『朝日新聞』一九四五年九月三十日社説。

(6) 関口泰「州庁制断行の好機」『朝日新聞』一九四五年十月二十三日。

(7)「何の官界刷新ぞや」『毎日新聞』一九四五年十一月七日社説。

(8)「地方総監制度の改正」『朝日新聞』一九四五年十一月十日社説。

(9)「道州制愈々実現へ」『毎日新聞』一九四五年十一月二十七日。

(10)「行政機構改革案大綱」(一九四五年十月二十六日)大蔵省財政史室『昭和財政史　終戦から講和まで』東洋経済新報社、一九八一年。＊

(11)『全国市長会百年史』こぼればなし「市政」第四十七巻八号、一九九八年八月、五六―六二頁。＊

(12)「道(州)庁設置要綱案」(昭二〇・一〇・一九)「州庁制設置要綱案」(昭二〇・一〇・一九)「行政課　道州制関係資料」国立公文書館。＊

(13) 岡田彰編『GHQ民政局資料占領改革　第7巻国家公務員法』丸善、一九九七年、資料20。

(14) 自治大学校編『戦後自治史Ⅳ(衆議院議員選挙法の改正)』一九六一年、六―二九頁。

(15)一九四五年十二月四日、衆議院委員会における内相提案説明。
(16)小林與三次『私の自治ノート』帝国地方行政学会、一九六六年、一二五頁。
(17)小林與三次「選挙法の改正から町内会部落会の廃止まで 戦後の覚書(その二)」「自治研究」四十巻一号、一九六四年一月。
(18)「問題は更に深刻」『朝日新聞』一九四五年十月五日社説。
(19)『毎日新聞』一九四五年十月二十日。
(20)前掲『戦後自治史Ⅱ(昭和二十一年の地方制度の改正)』七―九頁。堀切内相は就任後の記者会見(九日)で既に知事公選の意向を表明している。
(21)金丸三郎「地方制度改革の諸問題(一)―(四)」「自治研究」第二十二巻第四号―第七号、一九四六年。
(22)「任期は四ヶ年 東北、北海道を除き副知事制度、知事公選、内務省試案」『毎日新聞』一九四五年十一月五日。
(23)『毎日新聞』は「知事公選の方法如何」の世論調査を発表した。
(24)前掲『戦後自治史Ⅱ(昭和二十一年の地方制度の改正)』一二頁。
(25)『入江日記』によれば、十一月二十九日に「金丸事務官ヨリ『市制及町村制ノ改正問題』ニ関スル説明ヲ聞ク」のちに、市制町村制改正に関する地方局の意見の決定(十二月二十八日)を経て三十一日に「市制及町村制ノ改正要綱」決定、となっている。
(26)FM27-5.*
(27)[Arthur D. Bouterse, 1948] 324. [Fainsod, 1946] 291. *
(28)[Tregaskis R. , September 29, 1945] p.20.*

(29) GHQ/AFPAC, Annex 8, (Military Government) to Operations Instruction No. 2, August 28, 1945. 全文は (Braibanti, 1949) 739-748.*
(30) Ibid., Report of Military Government in Japan and Korea, p.41.*
(31) Military Government to G-4 GHQ adv. Space Requirements, Tokyo, 12, Sept 1945, JW 240-05.*
(32) (Braibanti, 1949) pp,160-162. GHQ／AFPACの総参謀部の長は少将、准将クラスであったが、軍政局のクリスト准将は「バターン・ボーイズ」とされるマッカーサー側近ではない。*
(33) (Braibanti, 1949) pp.162, 182.*
(34) ［GHQ/SCAP G., 1949］p.793.*
(35) Memorandum, "Decentralization of Government," (handwritten draft), 14, October 1945, Hussey Papers 9-A-10.*
(36) 高柳賢三・大友一郎・田中英夫編著『日本国憲法制定の過程　I原文と翻訳』有斐閣、一九七二年、No.1文書。以下本書所収の文書は「ラウエル文書」として引用する。
(37) GHQ/SCAP, Report of Government Section to Far Eastern Commission, 17, January 1946の"Biographical Sketches"*、田中二郎・俵静夫・原龍之助編『地方自治二十年　その回顧と将来の展望』評論社、一九七〇年、六八―七一頁による。
(38) Crist to Dc/S, Status of Projects Assigned by Staff Memorandum No.6, 11, December 1945; Status Summary, 12, December 1945.*

(39) Whitney to C/S, Status of Projects Assigned to the Government Section by Staff Memorandum No. 6, 22, December 1945. *

(40) [Hellegers, 2001] 666. *

(41) 福永文夫編『GHQ民政局資料占領改革　第2巻選挙法・政治資金規正法』丸善、一九九七年、資料32－59を参照。

(42) 前掲『GHQ民政局資料占領改革　第2巻選挙法・政治資金規正法』資料16、17、19。

(43) ジャスティン・ウィリアムズ著、市雄貴・星健一訳『マッカーサーの政治改革』朝日新聞社、一九八九年、一〇八－一〇九頁。この間の原史料は前掲『GHQ民政局資料占領改革　第2巻選挙法・政治資金規正法』資料23－27を参照。

(44) 前掲『地方自治二十年　その回顧と将来の展望』六一－六八頁。

(45) 前掲『戦後自治史Ⅱ（昭和二十一年の地方制度の改正）』二三五頁。

(46) 天川晃編『GHQ民政局資料占領改革　第8巻地方自治Ⅰ』丸善、一九九八年、資料13。

(47) Memorandum for Chief, GS, "Organization of Public Administrative Branch," (Kades), 26, December 1945; Memorandum for Chief, GS, "Organization of Public Administrative Division," (Kades), 1, February 1946. ティルトンのものと思われるノートは、Hussey Papers 77-A-12. *

知事公選制の導入

戦後改革の画期としての知事公選制度

戦後の地方制度改革の画期をどこに求めるか、さまざまな見方が可能です。たとえば、行政学者の辻清明は『日本の地方自治』（岩波書店、一九七六年）という本で、戦後の新憲法において「地方自治」と題する章が制定されたことの意義を高く評価しています。「憲法はその第九二条以下の四箇条の規定を新設することによって、地方自治の原理を保障するだけでなく、逆に地方自治が、憲法の原理を保障する関係にあることを身をもって証明したからです。いわば、地方自治の原理は、憲法規範としての地位を持つに至ったといってよいでしょう」と辻は指摘しています。またこれとともに、憲法と同日に地方自治法が施行されたことも、彼は高く評価しています。[1] 同書の初版で日本国憲法の「施行と相前後しておびただしい量の新しい法律が制定改廃されました。けれども憲法と同日に、あたかも双生児であるかのごとく、この世に生れ出た法律は、地方自治法ただ一つであります。両者の相互依存関係がいかに密接であるかは、この共通の運命からも傍証できそうです」といっています。しかし、これは明らかに辻の勇み足です。いま、天皇退位を巡って話題の皇室典範を初め、国会法、内閣法なども憲法と同日施行です。

一方、戦後に内務省官房文書課長だった荻田保は「第一次の知事を公選にしたということは、戦後における地方制度改革の最大の眼目であって、むしろ第二次というか、新しい地方自治法が出来たというのは、これは格好としては非常に画期的なことかも知れませんけれども、やはり、むしろ実体は第一次改正にあったと思うのです。地方制度を改めて知事を公選にしたということがやはり最大の改革であったわけです」と回想しています。[2]

このように、占領下の地方制度改革の一連の流れの中で、何を画期とするのかは評価が分かれる問題です。ここでは知事公選制度導入の経過とその意義を中心に見てゆくこととしましょう。

知事公選制の導入の経緯については比較的よく知られています。大体の流れを予め概観しておきましょう。内務省は戦後、知事公選制の導入に踏み切ったものの、当初は県会による選挙という間接選挙を考えており、公選知事の身分も官吏とすることを考えていました。その後、新憲法草案で長や議員の直接選挙が明示されたことを受けて、住民による直接選挙方式に転換したものの、知事の身分や県の幹部人事を官吏とする構想は変えず、これを基本とした法改正案を議会に提出したのです。

ところが、公選知事官吏案に対しては、世論から批判が出されるとともに、総司令部側からも強い修正要求が出されます。これらを受けて衆議院で修正が行われ、官吏とするのは新憲法施行の日まで、とされたのでした。加えて、衆議院の委員会で修正議決が行われた時点で、内務大臣が第二次のさらなる改革を行うという声明を発表します。この第二次改革の結果としてできたのが、地方自治法だったのです。

内務省の知事公選案

一九四六年になると、さまざまな新たな動きが出てきました。まず、元日に、天皇の新日本建設に関する詔書、いわゆる「人間宣言」が発表されました。ここで天皇は、

	主な出来事	内務省関連	民政局関連
1946（昭和21）年			
1月1日	**天皇「人間宣言」**		
1月4日			公職追放指令。選挙法改正問題会合
1月9日			ハッシー「政府機構の再編」
1月11日	「日本統治体制の変革」（SWNCC228）をマ元帥に送付		ラウエル「憲法研究会の改正案」
1月13日	**幣原内閣改造**	三土忠造内相、大村清一次官	ティルトン「甲府での選挙過程」。田中二郎、地方行政事務局に代えて道州庁設置を提案
1月17日			極東委員会視察団とGSの会合
1月20日			ティルトン「山梨県の行政過程」
1月22日			ヘイズ、GSの組織改革案
1月25日		30名の知事の人事異動発令	
1月28日			ホイットニー、ヘイズのGSの組織改革案を却下
2月1日	『毎日新聞』、「松本案」をスクープ		ホイットニー「憲法改正の権限」、ケーディス「GS機構改革案」
2月2日			ホイットニー「松本案」
2月4日			GS、憲法草案の起草開始
2月13日	ホイットニーら、日本側に憲法草案を手交		広瀬久忠、5～6の州庁設置を提案
3月6日	憲法改正草案要綱を発表		
4月10日	**第22回総選挙**		
4月30日			ティルトン「内務省案に対する覚書」
5月13日			マキ「ティルトン覚書へのコメント」
5月22日	**吉田茂内閣組閣**	大村清一内相、飯沼一省次官	
5月29日			ハッシー「ティルトン覚書批判」
6月10日			ヘイズ・コウルグロウブ「長野・山梨県調査報告」
6月15日			エスマン「地方制度改革の論点整理」
6月20日	憲法改正案を帝国議会に提出		ティルトン「内務省、法案提出を希望」
6月25日			GS、地方制度改革に関する会議
7月5日		地方制度改正法案、衆議院本会議に上程	
7月9日			ティルトン「地方制度法案の勧告：行政課の合意」
7月11日	臨時法制調査会第1回総会		ピーク他「憲法草案の日本文と英文の相違」
7月19日			マキ「内務省に対する勧告」

年表3（133ページに続く）

旧来の陋習を去り、官民挙げて平和主義に徹し、文化を築き、民生の向上を図り、新日本の建設を行う、としていました。そして、天皇と国民との間の紐帯は相互の信頼と敬愛に基づくものであり、単なる神話と伝説に基づくものではなく、天皇を現御神とし日本民族を他の民族に優越する民族とするのは架空の観念に基づくものである、としたのです。この詔書は総司令部側の動きに日本側が呼応して出されたのでしたが、民間情報教育局（Civil Information and Education Section: CI&E）の関係者が関わっており、民政局は関与していませんでした。

次いで一月四日になると、総司令部から軍国主義者の公職追放の指令が出されて、日本の政官界を大きく揺るがします。この指令の作成には民間諜報局（Civil Intelligence Section: CIS）と民政局が関与していました。この指令によって、一九四二年に選出された翼賛議員は公職に就くことができないことになりました。また総選挙にも大きな影響が出ることとなるので、日本側が一月に予定していた総選挙は延期せざるを得なくなります。また、戦時中の翼賛会に関わった主要人物なども追放の対象となったため、閣僚の一部が追放に該当することとなり、内閣改造が行われました。内務省では堀切内務大臣、坂次官、入江地方局長などの幹部が追放該当となっただけでなく、翼

7月20日	長濱政壽『知事公選の諸問題』		
7月22日		「地方自治制度改正に関する件」	
7月26日			ティルトン「第二次改革に関する内相声明案」
7月31日		府県制・市制町村制への修正申入れ	
8月1日		市制関係修正申入れ	
8月2日	金森国務相、新憲法では知事は公吏と発言	町村制関係修正申入れ	
8月5日		東京都制関係修正申入れ	
8月16日		新規修正申入れ	
8月17日		新規修正申入れ	
8月30日		地方制度改革法案、衆議院委員会で修正可決。大村内相、第二次改革の声明	
9月2日		大村内相、ホイットニーを訪問	
9月20日	マッカーサー、地方制度改革に関する声明	地方制度改革法案、貴族院本会議で可決	
9月30日			グラジャンジェフ「地方制度改革」
10月24日		地方制度調査会第1回総会	
10月26日	臨時法制調査会答申		
11月3日	**日本国憲法公布**		
12月25日		地方制度調査会答申	

賛会の地方支部長を務めた知事なども追放に該当することとなり、知事の大幅な人事異動が必要になったのです。

　ところで、四五年十月頃から、内務省は知事公選制度への改革を考えていました。四六年年頭の報道では、内務省が考えている知事公選の構想は大要以下のようなものだと伝えられています[3]。（1）現行府県の行政区域に関する廃合はこれを行わない、（2）知事公選制を実施し、その任期は三年または四年とし、選挙方法は府県会による間接選挙が最も妥当である、（3）副知事は原則としてこれを設置しない。ただし北海道その他大府県については別途考究する、(4)地方庁の完全自治体化は現状に適しない。従って知事は公選によって決定するが官吏たる身分をもって任命され、あくまで中央政府の監督指揮を受ける、(5)市町村は現行自治体を更に民主化し、第一線行政機関として窓口事務の迅速処理を目途とする、(6)公民権の拡張は改正衆議院議員選挙法に照応し大きくこれを実施する、(7)大都市特別市制はこの際考慮せず、東京都制は他の府県制に準じて改正する、(8)警察行政権は自治体を中心とする自警組織を基本とし、概ね四段階の機構を考慮する、というものでした。(2)に公選知事の任期のことがあがっています。一九二〇年代からの知事公選制が求められた背景の一つには、特に政党内閣期になってから政党によって知事が随時任免されて知事の任期が不安定になり、県政が安定しないという問題があったのです。このため、公選にして任期をつけることが主張されていました。

さて、一月四日の公職追放の指令で堀切内相が追放該当となり、一月十三日に政友会系の政治家の三土忠造が新たに内務大臣に発令されます。三土内相は就任直後の記者会見で、食糧問題などが重要であるとして、知事公選制の導入には慎重でした。しかしながら知事の異動は早急に行う必要があるとして、知事を内務官僚からだけでなく、各省の有能な官吏、民間の経験者、若い内政部長などから選ぶとし、民間人知事の登用で知事公選制に代えようとする方向を示したのです。[4] ちなみに一月二十五日に発令された三十名の知事の異動では、他省の官僚の登用は見られたものの、純民間人の登用は五名にとどまっています。

先ほど知事の任期の話をしました。敗戦直後は異常な時期で、四五年の十月に知事が二十七名交替し、翌年一月に三十名交替しました。この大異動で二回とも知事が変わった道県は十三もあります（北海道、秋田、千葉、富山、山梨、三重、兵庫、和歌山、山口、香川、高知、福岡、熊本）。これらの県は実質三カ月で知事が代わっているのです。

民政局と憲法制定

三月六日に発表された憲法改正草案要綱では、自治体の長と議員の直接選挙が規定されていました。これが基本となって知事の直接公選が方向づけられます。その意味では憲法の制定は、知事公選制度に大きな意味を持ったのです。政府の草案要綱の元となったのはGHQ側が作成した憲法改正草案であり、その草案の作成に民政局が関わったことはよく知られています。それでは、民政局が知事の直接公選を憲法草案に書き込む経過は、どのようなものだったのでしょうか。本論からすれば横道に入りますが、ここで私の見方を話しておきます。

「二つの偶然」

憲法の制定過程についてはいろんな研究がありますが、現在の通説的な見解を提示している田中英夫は次のようなことを書いています(5)。

「日本国憲法制定の過程を研究するにあたっては、そこにさまざまな偶然の要素が強く影響していることに、十分留意しなければならない。実際に生じた経過を逆に投影して、すべてが一つの線で貫かれていたかのような説明をすることは、面白い話になっても、実際とはかなり異なる図を描き出してしまうことになろう」。このように指摘したうえで田中は、二つの偶然を指摘しています。その一つは、四六年一月十七日に極東委員会の日本視察団と民政局の会合が行われた際に、フィリピンの代表のコンフェソールが行った質問です。コンフェソールは「どうして憲法改正が民政局の仕事の一部でないのか、私は理解できません」と質問し、対してケーディスが憲法改正することは日本の統治構造の根本的変革なので、極東委員会の権限に属するという応答をしていたのです。田中は、この質問がきっかけとなって民政局でマッカーサーの憲法改正に関する権限の検討が開始され、マッカーサーには現在憲法改正に対する権限があるとする覚書（「憲法の改革について」）が二月一日に作成された、というのです。もう一つの偶然は、同じ二月一日の『毎日新聞』による「松本委員会の案」なるもののスクープです。田中によれば、権限の検討は「安全装置を外す役目を果たし」、『毎日』スクープによって「引き金が引かれた」ということになるのです。

この解釈は魅力的ではありますが、私には、田中自身が「実際に生じた経過を逆に投影」しているのではないかと感じられます。というのは、田中説は、憲法改正作業に民政局が関わることを、自明の前提としているように思われるからです。しかし、憲法問題について、四五年暮れまでは民政局は何も関わっていません。したがって私は、民政局が憲法問題に関わったのは自明のことではなく、むしろ憲法問題に民政局を関与させる工作が積極的に行われ、その結果として憲法改正に関与するようになったのだ、と考えています。

憲法改正問題と民政局

ここで憲法改正問題と民政局の関わりを簡単に見ておきます。憲法改正問題は、四五年十月四日のマッカーサー・近衛会談で、マッカーサーが近衛に対して憲法改正に着手するように勧めたことから始まります。この会談にはサザランド参謀長と政治顧問部のジョージ・アチソンが同席し、民政局長のクリストは同席していません。そしてマッカーサーが後事を託したのはアチソンでした。したがって、近衛とその周辺の人たちは、政治顧問部のアチソンやエマーソンなどと接触を続けていたのです。

ところが総司令部は、十一月一日に声明を発表して「近衛が憲法改正に関わっているのは、近衛と皇室との関係からのもので総司令部とは関わりがない」として、総司令部と近衛の憲法問題に関する関係を否定してしまいます。この結果、政治顧問部は憲法問題から手を引くのですが、総司令部側で憲法問題を担当する部局ははっきりしていませんでした。実際、この声明を出したのが総司令部のどの部局なのか、はっきりしません。もっとも民政局でないことは確かです。他方日本側では、政府の憲法問題調査委員会（松本委員会）が憲法問題を扱う中心になります。

この間、民政局は憲法問題に関して全く手をこまねいていたわけではありません。十一月半ばにラウエルは松本委員会に接触を図ろうとしています。G-2からはより慎重な動きを取るべく要請されて、結局接触できませんでした。(6) ラウエルはまた、憲

法問題に関する準備的研究を十二月六日付で作成しています。具体的にそれを使う目処があったわけではありません。(7)

日本国内では次第に「憲法改正」問題の論議が活発化してきました。十一月十一日に共産党が「新憲法骨子」を発表したのに続き、十二月八日には松本烝治国務相がいわゆる「松本四原則」を発表し、二十一日には『毎日新聞』が「近衛案」をスクープします。二十七日には憲法研究会の「憲法草案要綱」、翌二十八日には高野岩三郎の「改正憲法私案要綱」が相次いで発表されており、日本政府と接触をもたなかったにせよ、民政局がこれらの動きに着目したのは当然のことでした。

ホイットニー主導説

極東委員会の発足とSWNCC文書

こうした状況の中でホイットニーが民政局長に就任します。そして四五年十二月の末から四六年一月にかけて、憲法問題に影響を与える外からの大きな動きがありました。一つは、十二月末にモスクワで行われていた連合国の外相会議です。ここで日本占領に対する機構として連合国十一カ国からなる極東委員会（Far Eastern Commission:

FEC）をワシントンに、米、英連邦、中、ソの代表からなる対日理事会（Allied Council for Japan: ACJ）を東京に設置することとなったのです。これらの機構の発足が、憲法改正問題と関連して重要となってきました。というのは、日本の憲法構造などを変更するような指令は、極東委員会の意見が一致した後にだけ出せることとなったのです。こうして極東委員会の成立は、アメリカの「対日占領」に対する拘束、とくに「憲法改正」問題に関する総司令部の権限に対し大きく拘束を加えることを意味したのでした。

もう一つには、一月十一日にワシントンから日本の憲法改正問題に影響を与えると思われる「日本統治体制の変革」と題する文書（SWNCC228）が総司令部に届きます。この文書は日本の統治体制全般について改革の要点をあげています。この文書を民政局関係者がいつ頃から閲覧したのかはっきりしませんが、一月中旬頃までには少なくともホイットニーは見ていたと思われます。

民政局の機構改革

極東委員会の発足とSWNCC文書の到着を受けて、ホイットニーはいままで憲法問題から疎外されていた民政局を憲法問題に関与させようとする工作を始めます。

その結果として、民政局が憲法草案の起草をするまでに至ったのではないか、というのが私の解釈です。

一月十一日には、ラウエルが憲法研究会の憲法改正草案を検討して作成した覚書を、ホイットニーは参謀長宛に送ろうとしています。そして前述の、十七日のコンフェソール質問がありました。遅くもこの時期から、ホイットニーは憲法改正に対して積極的に動いたと思われます。その一つが、コンフェソール質問のやり取りの一部を「興味あることです」とマッカーサーに報告して、彼の気を引こうとしていることです。それとともに、ケーディスに対するマッカーサーの権限の検討を要請しています。

詳しいことはここでは省略しますが、一月の中旬に総司令部内部で、部局間の権限配分が問題になっていました。参謀部で作戦を担当する参謀三部（G-3）が、次のような提案を行います。すなわち、指令の実施にあたる特別参謀部の主管部局が参謀長に対して政策提案を行う際、参謀部の各部が政策調整の責任を負うことを明記しようというものです。要するに特別参謀部各局の政策提案に対する、参謀部の発言権を強化しようとする提案だったのです。この提案に対してホイットニーは、ハッシーに反論を書くように求めます。そしてハッシーは、現時点で最高司令官が責任を負うのは非軍事的活動であり、これを行うためには軍事訓練を受けた参謀部の軍人よりも、人間関係や社会科学の訓練を受けた文官の方が適切であり、文官出身者で構成される特別参謀部の判断をより重視すべきだとしたのです。この反論が受け入れられて、参謀三部の提案は実現しませんでした。

その頃、民政局内では計画グループのヘイズが、このグループが行うべき十七の計画についてホイットニーに報告をしています。それらを数カ月かけて研究する予定だというのです。対してホイットニーは、計画グループが長期計画をたてるとしていることが積極的で即時に行動をする妨げになっているとして、長期計画の中止を求め、計画グループの人間を、民政局の現在実施している作業を中心に再編成すべきだと判断します。これを受けて二月一日にケーディスから、行政係の二グループ編成を六係に再編成する機構改革案が提出されています。

この民政局の再編成は、ホイットニーが進めようとしていた、民政局による憲法改正に取り組むための布石だったと私は考えています。というのは、同じ二月一日の権限の検討の覚書は最高司令官宛のものであり、閣下には憲法改正問題を扱う権限がありますよというだけでなく、民政局には人材が揃っているので、民政局で憲法問題を扱えますよとマッカーサーに示すためのものではなかったのか、と考えられるのです。この覚書の末尾には「以上の見解は、民政局でこの問題を検討した係官全員の意見を取りまとめたものである」と書いてあります。こんなことをわざわざ書いているのは、民政局には人材がいることを示すためだったのでしょう。

三つ目の「偶然」

その二月一日に『毎日新聞』のスクープがなされたのです。民政局では早速それを翻訳して分析し、「極めて保守的な性格」の案で受け入れがたいものだと評価します。ホイットニーは「憲法改正案が正式に提出される前に彼らに指針を与える方が優れていると考えた」とマッカーサーに進言し、二月三日のマッカーサーとの会談で、民政局が憲法問題を扱うだけでなく憲法草案の準備について、彼の許可を得たのです。

『毎日』スクープで松本案が「極めて保守的」な案だとわかったから、民政局で草案を作ることになった、というのが通説的な理解だと思われますが、これについても私は少し疑問を持っています。松本案が「保守的」というのは十分予想されていたことです。スクープされた案を分析したホイットニーのメモでは、このスクープを「吉田の観測気球」だと見ており、二月五日に予定されていた非公式会談を十二日まで延期することを吉田が求めた、とも記されています。私は、「保守的」とみなされていた吉田が政治的に時間稼ぎをしているとホイットニーが見なしたことが、民政局の草案起草への「引き金」になったのではないかと考えています。これは私の解釈であって、これに賛同する人はいません。あえてこんな話をしたのは、憲法制定史といえばもう研究しつくされたと思いがちですが、まだまだいろんな資料を使って別の角度から見てゆくことができるのではないかといいたかったのです。実際、笹川隆太郎氏はこれまでとは全く異なる憲法制定史を用意しておられるように聞いています。

憲法第八章「地方自治」

ともあれ、民政局は二月四日から総動員で、憲法草案起草作業に取り掛かります。メンバーがいくつかの小委員会に分かれて、まず原案を起草して、それをケーディス、ラウエル、ハッシーの法律家からなる運営委員会と調整して案をつくる、という手順で進められました。地方政府に関する小委員会も作られ、二月一日から地方政府係となったティルトン、マルコム、キーニーがメンバーでした。ここでは最終的に第八章「地方自治」となる章の各条文、特に知事公選制に関連する条文がどのようにできていったのかを見てゆくこととします。

知事公選という件については、関係者の間では既定の路線と考えられていたと思われます。文書SWNCC228は「都道府県の職員は、できる限り多数を、民選するかまたはその地方庁で任命する（popular election or local appointment）ものとすること」としていました。ラウエルの「準備的研究」でも「知事、市町村長、税務事務所長、収入役などの主要な行政官を公選とすること」（popularly elected chief executive officials such as the governors or mayor）となっていました。ハッシーやティルトンも、国内での知事公選論に肯定的な評価を与えていたのです。

小委員会案、運営委員会案を経て総司令部案へ

最初に作られた小委員会案は「権限」「法律」「公選による職」の三つの条文で構成されていました。第三条文で、知事、市町村長、地方自治体の議員は公選（popular vote）によって選ばれ、その他の吏員は公選またはその地方自治体による任命によってその地位に就くこと、とされていました。また、第一条文の「権限」には、府県、

市町村は課税・徴税権・警察権のほか憲法明文で留保されていない統治権限を持つとされ、第二条文の「法律」では府県、市町村は地方の条件に応じうるように、憲法・法律と調和しうるような法律・命令の制定権を持つという条文案となっていました。

ところが、この原案は運営委員会によって全面的に書き直されてしまいます。問題は知事公選制ではありませんでした。第一条文で、合衆国憲法修正第一〇条を連想させるようなかたちで、残余の権限を府県、市町村に留保することは適当でない、というのが運営委員会の判断でした。運営委員会の法律家から見ると、あまりにも漠然とした文章であるということも、拒否の理由の一つだったのでしょう。

小委員会案を修正した運営委員会案の起草過程を詳細に跡づけることは困難ですが、大体以下のようだったと思われます。最初の草稿はハッシーが書いています。その内容は、(1) 知事、市町村長、その他の吏員の直接公選 (direct popular vote)、(2) 地方団体の住民は、法律の範囲内で、団体の内部規律・行政を執行する権利 (the right to govern their own affairs) を確保される、(3) 地方行政組織・行政に関する法律の一律適用、(4) 一の地方団体に関する特別法はその団体の有権者過半数の賛成を得ないと有効にならない、というものでした。

小委員会案にあった「地方主権」は排除し、(3)や(4)はラウエルの「準備的研究」の考え方を採り入れていると思われます。このハッシー原案をラウエルやケーディスが修正して、最終的な総司令部案ができていきます。(1)については単に府県、市町村に限定せず、その他の法人等をも含みうるものとし、(2)を憲章制定権(to frame their own charters)に改めて財産処理権をも加え、(3)と(4)を統合・整理して国会に対する禁止の趣旨を強くしています。最終段階で、(2)の憲章制定権と(3)の住民投票を行うのを大都市(metropolitan center)、市、町に限定しています。(8)

民政局の憲法草案の「Local Government」の章は、以上の経過からも明らかなように、明確な青写真の下に作成されたものではなかったといえます。たしかに民政局の担当官たちは日本政府の「分権化」という目標では一致しており、SWNCC文書が要求している長の公選についても一致していました。しかし、この大方針以外の点については、具体的な方法や力点の置き方には担当者の間で相当な差異がみられ、憲法草案も、それら担当者の考え方の妥協の上で作られたと思われるのです。

日本政府と第八章

こうした過程で作られた民政局の憲法草案は、二月十三日松本国務相ら日本政府の関係者に手交されました。第八章「地方政治」は八六条、八七条、八八条の三条からなっていました。政府は最初、総司令部に対して松本案再考を求めましたが、この要請は受け容れられません。二十二日の閣議で、初めて報告された総司令部案の受容が決定され、以後、総司令部案を基礎として、日本側での改正案の起草が着手されました。日本側の松本委員会での憲法改正案の検討では「地方自治」は考慮されておらず、しかも政府による草案の準備は内務省に対しても「極秘」裡に進められたがゆえに、この章の対応にあたった法制局の担当者・佐藤達夫の役割は大きくなりました。

二月二十六日に司令部案を渡された佐藤は、その後の経過について書き残しています。それによると、この司令部案の第八章について「府県とか市・町というような団体の種別を憲法で固定してしまうことは……いささか窮屈ではないかということ、及び、この章の頭初に総則的の条文があった方がよくはないか」として対案を考えたといいます。こうして「団体の種別」を憲法で書くのをやめて「地方公共団体」という一般的な用語を用い、さらに冒頭に「総則的の条文」として「地方公共団体ノ組織及運営ニ関スル規定ハ地方自治ノ本旨ニ基キ法律ヲ以テ之ヲ定ム」を起草したというのです。あとの三条は司令部案を基礎とした内容ですが、字句の修正を行っています。すなわち首長、議員、吏員の「直接選挙」は、吏員を除く「公選」に、また住民の「憲章を定める権利」は「条例及規則を制定することを得」に修正しているのです(9)。

こうして作成された日本側草案は三月四日に提出され、四日から翌五日の夕刻にかけて民政局側とのやり取りがなされた後に、一応の案としてまとめられました。第八章については「立ち入った論議をする余裕がなかった」ものの、表題にあるLocal GovernmentをLocal Self Governmentとすること、および「地方自治の本旨」を含む新条文の追加をそのまま認める一方、第二条文については「是非直接選挙にすべし」とのことで了承します。第三、四条文も司令部の示唆で若干の修正がありました。

佐藤達夫の回想では、現行憲法の第八章冒頭の第九二条は、佐藤が独自に考えて起草し、「地方自治の本旨」という語は市制町村制の上諭などを思い起こしながら考えたとしています。そしてその内容は「住民自治」と「団体自治」を指すというのが通説的な理解です。

しかし青山学院大学の佐々木高雄名誉教授は、当時の文書資料を丹念にフォローした後に「総則的条文」は佐藤が独自に起草したのではなく、アメリカ側草案の八七条にある「憲章を作成する権利」を「ホームルール・チャーター」だと理解したうえで、「地方自治の本旨」と表現したことを明らかにしました。傾聴に値する説です。当事者の回想を無批判に利用することに対して、警鐘を鳴らされているというべきでしょう。

こうした経過を経て三月六日、政府は「憲法改正草案要綱」を発表し、マッカーサーは「日本政府の決定について深い満足を表する」との声明を出したのです[10]。

知事公選——間接公選か直接公選か

三月六日に「憲法改正草案要綱」が発表されると、この日を境として、それまで民政局と政府首脳が「極秘」裡に進めてきた憲法改正作業が、国内だけでなく連合国をも含む関係者の錯綜する動きの中で継続・展開することとなります。

ある新聞の憲法草案要綱の解説は、以下のように指摘していました。

「地方自治：地方制度は根本的に改革され、完全な自治制度がしかれる。地方公共団体の長、その議会の議員及び法律の定むるその他の吏員は住民が直接に選挙する（八九条)。府県は完全自治体となり、これまでのような官選知事による中央集権制度が根本的に覆され地方分権制度となる。府県では知事、部長級、町村では町村長、助役、収入役位までは選挙で選ばれることとなろうが、国民は選挙するばかりでなくこれらを罷免する権利を持っている(11)(一四条)」。

内務省が最初にとった対応は、草案要綱にある「地方公共団体の長」の「直接公選」を単なる「公選」にできないか、と法制局に交渉するように要望したことでした。しかし、民政局のケーディスは「地方自治の問題は総司令官としては最も重要な課題と考えており、また極東委員会としてもこれを重視している」として、草案の修正にまでは至りませんでした。

総選挙と内務省の動き

ところで、四月十日には遅れていた総選挙がありました。公職追放と大選挙区制限連記制の効果で、議会の構成は大きく変化しました。第一党となった自由党が百四十一議席、続く進歩党が九十四議席、社会党も九十四議席で、初登場の共産党も五議席を獲得しました。注目すべきは四百六十六名の議員のうち、新人が三百七十九名と八割に達し、女性議員が三十九名当選したことです。まさに刷新議会となったのです。第一党の自由党の鳩山一郎総裁に公職追放の指令が出されるなどして新内閣の発足は遅れ、吉田茂内閣が発足したのは、総選挙から一ヵ月以上も経った五月二十二日のことでした。内相には内務次官から大村清一が就任します。大村内相は、憲法改正に先だって地方制度の改正を行うことに積極的に動き始めました(12)。

この間の動きを新聞は以下のように伝えています。

「内務省では新憲法に基づく地方制度改革につき先般来地方税を中心に研究中であったが、この程成案を得て今次臨時議会に提出することになった。内務省として原案作成には常にマ司令部地方政治部と密接な連繋を保って進めてきたもので第一に知事公選制、第二に都道府県制、市制町村制の改正、第三に衆議院同様地方議員選挙に対する選挙人、被選挙人の年齢低下等が骨子となっている(13)」。

「知事および市町村長公選等地方制度の改正についてだが、選挙だけ民主化したのでは意義をなさず今後国民大衆の世論を地方政治に反映させる方策の一つとしてリコール即ち罷免制を採用したいと考え研究を進めている。このリコールとは例えば知事の場合選挙民が連署で人物不適任という所謂知事不信任の方法と内務大臣が知事の弁明も聴取して採否を決する二つの方法があるが今日の日本の現状からして今直ちには一般投票によらず漸進的立場から内務大臣の採否制で行くようになろうと考える」[14]。

三つの論点

知事公選の制度化を考える際には三つの重要な論点がある、と当時の担当者（金丸三郎）が指摘しています。第一は知事公選の方法、第二は知事の身分、第三は府県の廃合又は道州制との関係です[15]。

第一に、知事公選の方法は間接選挙か直接選挙かという問題がありました。間接選挙にしても、都道府県会で選挙する方法と、知事選挙人を選挙しその選挙人が知事を選挙するという方法がある、と金丸は指摘しています。一方、直接選挙は、都道府県議員の選挙権者が直接選挙する方法です。さらに第三の方法として特別一般選挙制、すなわち①都道府県会、②知事選挙人、③都道府県会議員、市町村長その他学識経験者等から選挙母体を作り、ここで数人の知事候補を選挙の上推薦させ、その中の一人を一般選挙人の投票によって決定するという方法があります。

第二の問題は、知事の身分、官吏とするか公吏とするかという問題です。これは地方自治団体の自主性の要求と国家の地方行政統制の必要との両者の、いずれを重く見るかということに帰着するとしています。それによれば、知事を官吏とすれば「公選の要求に応じ、中央政府に対して自主性を保持しつつ、他面国家の統制の必要にも応ずることができる。現下の重大危局に当面し行政の停滞、混乱をさくべき国情の下における知事公選の方法として、公選の民主的自治的要求と国政の統一の保持の必要とを適当に調和することができよう」といいます。しかし、知事を官吏とすることは自治団体の本質上、根本的に相容れない。たとえ公選とするも、首長が官吏であることは常に国家の干渉の端を開いているのであって、到底民主的自治の思想に適合しない。それゆえ公吏とすべき、という主張もある、ともしていました。

第三の、府県の廃合又は道州制の問題について論点は以下の通りです。知事公選要求を徹底して最も完全な地方自治体を作るならば、地方における官治行政の処理と地方分権に対応する処置を講じなければならない。したがって、道州庁を設置して広域的な事務の総合的処理により各地方ごとの発達を図るとともに、国政全般の統一と保持することが考えられる、と金丸はしていたのです。

そして結論として、知事は直接選挙で「国民の責任によって府県知事を選任せしめ、これに行政を委任することが適当である。これによって民主主義の要求を達成し、又行政の実際においても、従来の議会政治の弊を免れることができる。府県民を背後の力として、強力な施策の遂行も、現下の危局に対処することもできるのであって、世界の趨勢たる行政の技術化と複雑化に伴う能率的の処理の必要にも応じることができる」としていました。知事の身分については、直接選挙にすると「府県割拠の弊を生じ、国政の統一的処理を不能ならしめ、現下の問題としては、食糧政策その他の緊急施策の遂行に支障となる惧れがある」とし、今日においては「国政の統一を保持することは絶対の要件である……国政の統一を保持すると共に、地方自治の要求に応じて、府県知事を官吏とし、両者の調和を保つことが、最も妥当な措置」としていました。

民政局の意思統一

一方、民政局は、四六年一月頃から内務省に対して、地方制度に関する法律案等の提出を求めていました。三月初旬には地方制度関連法律案の提出要求を再度行ってきます。そこで内務省は地方局の試案として準備を進め、三月十八日に市制町村制中改正案を、四月一日に府県制中改正案の要綱を提出しました。

内務省が提出した法案要綱に対して、民政局では、四月三十日付けでティルトンが覚書を書いています。ティルトンの覚書は一二ページに及ぶ長いものですが、その後の民政局の政策にもつながるのでその内容を見ておきましょう[16]。

最初に地方制度再編の核心となる目標をあげています。(1) 地方レベルでの政治への民衆の参加機会の拡大、(2) 地方政府の公選職・任命職の責任の拡大、(3) 地方政府を中央政府へ依存させる慣行や手続きの廃止、(4) 官僚から人民の代表への可能な限りの権限の委譲、(5) 市町の住民に自身の政府組織を選択する機会を与える、(6) 地方議会と公吏に国の政策決定に参加する機会を与える、の各点です。そして、内務省の提出した改正案は正しい方向を向いてはいるが、総司令部の政策を達成するために必要な変革を規定しているとはいえない。集権化した統制の基本に変化はなく、地方議会の権限と責任は増えていない、内務省の地方支配はなくなっていない、と評価しています。そのうえで執行部、議会、行政組織の三項目に分類整理して現行法と内務省案を紹介し、地方政府係のコメントを加えています。

ティルトンの提案

執行部に関わる知事公選案についてティルトンの覚書は、内務省は直接公選としているが四月十二日の閣議は直接公選に反対で、当選後は政府による承認を必要とするとした、との情報を記しています。これに対してティルトンは、直接公選を支持しているだけでなく、一ヵ月前の予備選挙制の導入を提案しています。また、知事が有する広範な権限を内務省が変更しない点については概ね是認しているものの、公選で選ばれた議会に対する知事の権限を縮小することを求めています。府県の職員が官吏と公吏で構成されていることについて内務省案は改正を提案していませんが、民政局地方政府係は、府県の幹部職員は府県議会での承認が必要、としていました。

議会に関わる部分では、議会の権限を明確にすべきとか、予算の修正権を持たせるべきだとか、ティルトンはいくつかの具体的提案をしていますがここでは省略します。その他、内務省提案にはないが分権化のために重要な問題として、(1)自治体は警察、消防、教育、福祉、労働や財政等に関する権限を持つべきだ、(2)自治体は自治体の構造に関して自分たちの憲章を作ることができるホームルールの権限を持つべきだ、(3)自治体は設立、地域の拡大、境界変更、名称変更等、現在は内務省が持っている権限を与えられるべきだ、とティルトンは指摘していました。

民政局内の意見の変遷

ティルトンはこのような覚書を書いていたのですが、民政局内での「分権化」に対する態度は、必ずしも統一のとれたものではありませんでした。確認できる資料からそれを跡づけてみましょう。四月三十日のティルトン覚書に対して、①統治権係のジョン・マキ（John M. Maki）が性急な改革は占領目的の達成を妨げかねないと勧告しています（五月十三日）。②これを受けて統治権係長ハッシーがティルトン覚書には根本原則がないと批判（五月二十九日）。③行政課付のヘイズとコウルグロウブが長野・山梨両県の調査を行い、それに基づく勧告を提出します（六月十日）。④立法係のエスマンが地方制度改革の論点を整理（六月十五日）。⑤ティルトンの四月の覚書を行政課全体で五時間にわたり討議し、主要事項は投票に付し一応の決着をつけます（七月一日）。以下、順次これについて見てゆきます。

まずマキの勧告①は次のようなものでした。マキは四六年二月になって民政局に参加した民間人です。日系二世で戦前の日本に二年間留学したことがあり、日本語も堪能で、日本に関する知識も豊富な人物です。来日後はハッシーの下で日本の中央行政機構の調査を行い、内務省関係者などとも直接に接触していました。マキは、日本側が現時点で法改正を要求するのは、単に言葉の言い換えに過ぎないのか、それとも問題を十分検討したうえでの改革なのかを見極める必要があるとみていました。そして、内務省はなるべく速やかに最小限の修正で済まそうとしているとして、その動きに警戒をしていたのです[17]。

続くハッシーによるティルトン覚書に対する批判（②）は、改革の基本原則がないということでした。その論点の一つは、彼の持論である、中央政府と地方政府の機能の領域を明確に区別するべきである、ということです。中央政府に一定の最低規模の基準を設定するべきだ、あるいは能率と経済性との観点から地方の介入を受けずに行うべき領域がある、という指摘です。第二の論点は、中央と地方の関係を律するには、従来どおり中央政府の行政部に委ねることなく、国会と裁判所に委ねて調整をはかるべきだという批判でした。ハッシーは、自分の係は中央政府の調査をしているが、後にティルトンの地方政府係との調整が必要だ、と提案したのでした[18]。

「天川モデル」のヒント

余談になりますが、私は以前に地方制度の分析のために「分権―集権」という軸に加えて「分離—融合」という軸を考えてみたことがあります。その際のヒントの一つがこのティルトンとハッシーの意見の対立です。この二人の対立は分権派のティルトンと集権派のハッシーと考えれば問題はないのですが、私は両者とも分権派という点では共通だったと考えています。そうだとすれば、同じ分権派で意見の対立があるのをどのように理解できるのかという問題があります。そこで、その違いを説明するためにはもう一つの説明軸が必要ではないかと考えたのです。そう考えて見ると、両者ともに分権を志向していたが、ティルトンが融合派で、ハッシーは分離派だった、と整理できるのではないかという理解になるわけです。

民政局の意見集約

さて、五月下旬に長野・山梨両県で現職の知事や市長などの聞き取りを含む現地調査を行ったヘイズとコウルグロウブの二八ページに及ぶ報告書は、新たな情報とともに新たな提案をもたらしました(③)。この報告書は、漸進的改革こそが永続的な民主主義をもたらすという観点で書かれており、知事は二年の任期とし、しかも府県会が選出すべきである(したがって憲法草案の改正も必要となる)とか、知事は府県における中央政府の代行機関として行動すべきであり、知事を除く府県の吏員は官吏とし知事は市長を監督すべきである、という内務省の考えを是認するような、現状維持的な色彩の濃い提案をしていたのです[19]。

民政局内部での意見が分かれていたため、立法係のエスマンは六月十五日に地方制度改革をめぐる論点を整理します④。(a)府県と地方自治、(b)地方政府と権限の関係、(c)府県と市の幹部、(d)議会と議員、(e)権限踰越、(f)都市の特殊問題、(g)選挙、に整理して、これらに関する決定を行う必要があるとしました。たとえば(c)では、知事はどのように選ぶべきか、知事は「官吏」とすべきか、知事の任期、知事の罷免はどうすればできるか、などを論点としてあげています[20]。

そして七月一日に、民政局行政課は課員全員による、地方制度改革に対する討議を五時間にわたって行います⑤。その結果、知事・市町村長は四年の任期とし、直接公選として、その身分は官吏とすべきではないこと、地方議会を強化することなどを投票によって決定し、これらの情報を内務省に伝えることとしたのでした[21]。

この間、内務省の法改正の準備は進みます。六月十九日に郡祐一地方局長、鈴木行政課長はティルトンを訪れ、法律案の承認を求めます。ティルトンは、この法案は内務省の責任で、すなわち民政局は承認も不承認もしないということで、国会への提出を認めたのです。[22]

知事公選――官吏論対公吏論

このように内務省側の官吏論とこれを批判する民政局の公吏論が対抗している状況下で、府県制、市制町村制、東京都制の一部を改正する法律案は六月二十四日に閣議決定され、七月二日、政府は憲法改正を審議する第九〇帝国議会に、これらの法律案を提出しました。こうして舞台は議会に移ります。

七月五日、衆議院本会議に地方制度改正に関する四法律案は上程され、大村内相が提案説明に立ちます。「地方制度改正ノ根本方針」として、（1）地方自治団体の自主性ないし自律性の強化、（2）地方自治団体における住民参与部面の増大、（3）地方行政事務執行の公正確保、をあげていました。[23]

ここで七月から活動を始めた臨時法制調査会についても簡単に触れておきます。最高法規としての憲法が改正されれば、それに応じて関連する法令を制定あるいは改正する必要があります。どのような法令を制定・改正すべきかということを審議するのがこの調査会でした。新憲法下で、従来とは異なる内容の法制にする必要があるものは、たとえば男女同権となれば民法などの改正が必要となる、というだけではありません。勅令という法形式がなくなるので、それらを法律の形にする必要があるということになるのです。従来、勅令で定められていた官制も法律にし直す必要があったのです。地方制度に関する法律も、本来であればここで審議されるはずでしょう。しかし内務省の立案が先行したことにより、憲法と同時に議会審議になったのでした。ただし、地方官官制や東京都官制などをどのような法律にするのかという問題がありました。これらは地方行政官庁法という形の法律にすることが考えられていたのです。

官吏論に立った「民主的」内務省案

衆議院での審議に臨む内務省の考え方を「地方制度改正関係答弁資料」(24)を中心に検討してみましょう。ここでは憲法改正と地方制度改正との関連、知事公選制をめぐる問題に限定して検討します。まず、地方制度改正と憲法改正との関連について。この資料によれば内務省は「新憲法の制定と並行して地方制度の全面的改正を図ることは我が国政治の民主化を実現するため、不可欠の要諦」だとしています。したがって「今次改正地方制度の立案に際しては、新憲法の地方自治に関する規定の趣旨と新憲法実施後における国政運営の構想との関連につき周到なる研究を加へたのであって、本改正案は新憲法実施後と雖も概ねその儘存続するものなることは言ふ迄もない所である」。すなわち憲法改正後もこの改正でやってゆくとしているのです。

次に、府県知事の身分の問題です。直接選挙で選出された知事を「官吏」とする理由はどこにあったのでしょうか。まず、なぜ知事は直接公選されるのかといえば、「これにより地方行政は地方住民に基く地方住民のためのものとなるのみならず、従来の頻々たる地方官更迭の弊を去って、ここに地方行政に安定を齎し、堅実にして溌剌たる地方行政の自主的発展が期待できるものと信ぜられる。……真に民意を背景とし所謂『強力なる知事』として、その施策を強力に推進せしめるためには、直接公選とすることが、最も適当な方策である」としています。

それではなぜ知事は官吏でなければならないのか。それは府県の性格が「国の行政区画であり従って国の行政官庁の管轄区域である性格と、地方団体としての性格を併有し、而も前者の性格の方が圧倒的に強いと認められる現行制度の下においては、知事を公吏にすることが当然であるといふ結論は生れない」からだとしています。実際論としても、(1)府県事務の大部分が国家事務として編制されている、(2)国家制度が知事を官吏として構成されている、(3)警察が公吏たる知事に隷属すれば治安維持上好ましくない、(4)今後の復興計画には国家的立場から統一的、有機的施策遂行が益々必要である、(5)食糧窮迫の状況からみて地方割拠の弊の徹底的打破が必要だが、知事が公吏となれば地方第一主義にならざるを得ず、食糧供出の重大障害となる、等の理由が考えられています。

「新憲法施行後においても、知事を官吏にしておくのか」の問いに対する答えは「新憲法施行後においても知事を官吏とすることを妥当とする実体的理由及び客観的事情が根本的に変更を来たすものとは予想せられず、従って施行後において知事の官吏たる身分はこれを保持せしめる所存である」。また「新憲法施行後も、部長以下の職員を官吏としておくのか」の問いに対して「府県の国の行政区域である基本的性格に変更がない限り、新憲法施行後においても部長以下の職員はこれを官吏として存続せしめるつもりである。而してこれは新憲法に所謂『地方自治の本旨』に悖《もと》るものではない」との回答が予定されていました。ちなみに、法律の立案者は別のところで「地方自治は、国の統治と別箇に存するものではない。国家の統治の一態様である。然りとすれば『地方自治の本旨』の意義も亦、国家統治との関係に於いてその概念を決定せらるべきものであり、畢竟国民共同体の全体福祉の確保向上の目的に適う限度に於いて認めらるべきものでなかろうか」とも書いていました[25]。そして衆議院本会議、委員会での政府答弁は、基本的にはこの「答弁資料」にのっとって進められました。

内務省が憲法審議と並行して「民主的」な地方制度改正案を提出した理由は、どこにあったのでしょうか。その背景の一つは、司令部の改革に対して、内務省の主導権で先手を打った対応を進めようということでした。内務省主導の改革は、選挙法改正において一応の成功を収めていました。内務省がこの成功体験を背景として、次の改革課題に向ったのは当然でした。憲法改正に先立つ地方制度改正には、明治憲法に先立つ自治制の制定という先例もありました。しかし、内務省が改革の主導権を握るためには、改革の内容が総司令部が求める「民主的」なものである必要があります。新憲法草案要綱が発表された以後はなおさらそうであり、間接選挙ではあれ知事公選をはじめ、住民の直接請求、議会解散請求、解職請求などを内務省の側から提示することになったのです。「民主化」は新たな権威の源でもあったのです。とはいえ、この「民主化」は内務省による地方団体への「紐つき」を切断するものではありませんでした。

首長の原案執行権、専決処分について「改正」は提案されず、知事を官吏とするほか都道府県に官吏をおくことも従来通りでした。むしろ「公選にはするが、身分を官吏にして、方々の役所で出先機関を拵えず、内務省で全国に官吏の知事を置いて、身分でおさえるということを、内務省の強化のために考えていた[26]」のです。

こうした内務省版「民主的」改革の提案が行い得るためには、その提出時期が重要でした。この提案は、明治憲法下での帝国議会に提出された改正案であるがゆえに、明治憲法に基づく他の法規や制度との関係で既存の内務省の支配体制を崩すことなくなしうる改革だったのです。そして「新憲法に基づく官吏法（仮称）が制定せられ、官吏組織があらたな見地から再編成せられた場合に、地方長官たる官吏がいかなる地位を占むるかは未だ予断の限りではない」などとしつつも「府県知事等を官吏にすることは新憲法下でも違憲ではない」として、改正による体制をそのまま新憲法下に引き継ぐことを考えていたのです。

民政局の法案修正要求

しかし、内務省が主導する地方制度改正案は、そのままでは実現することはありませんでした。選挙制度改革の場合とは状況が変わっていたのです。

七月五日、衆議院本会議に地方制度改革関係四法律が上程されます。まず民政局が先述の討議で得られた合意を背景として、上程中の地方制度関係法律案に積極的に修正要求を申し入れてきました[27]。当時、民政局では憲法草案の日本文と英文の間に齟齬があることに気づき、日本の官僚に対する警戒を強くしていたという背景もあります。

内務省に対する民政局の修正意見は、数次に分けて提出されています。「命令（府県制二条）ハ新憲法施行後ハナクナルカ」、「府県ハ法人デアルカラ事務ノ委任ハ法律ノミニ依ルベキモノト考ヘルハ如何」というような内務省に再考を求める意見もあれば、「次ノ事項ハ必ズ改正スベシ」という要求まで、多岐にわたるものでした。「必ズ改正スベシ」という要求の中には、「府県知事ハ官吏デアッテハナラナイ。府県知事ハ府県住民ニ対シテ責任ヲ負フモノトスベシ」という項目の他に「府県知事ガ市町村長ヲ解職スル方法ハ次ノ何レカノ方法ニ依ルベシ」とか「府県会及市町村会ヲシテ更ニ権威ト権限ヲ有セシムベシ」などがあがっていました。修正意見の重点は、内務省による統制の弱化、その方法として勅令・命令等で定めた事項を法律に移すこと、「議決、執行及ビ司法ノ三機関ヲ分離スル原則ヲ貫徹スル」こと、特に議会、選挙等の規定を改めることにありました。こうした修正意見の提示に対して、内務省はこれらを部分的にとりいれつつも、折衝を行っている間に法案の議会通過をさせることを期待するという対応をとっていました。

世論からの批判

新聞に代表される世論も内務省の改正案には批判的でした。たとえば、次のような論説がありました。

「政府の改正案を見ると知事と市町村長の公選以外には特記すべき点少なく、更にその他の根本的改革には一切ふれてないのである。地方制度の根本的改革にあたっては、……道州制の問題が地方制度改革の大前提として考慮さるべきではないか。……今度の改革案の最大問題たる知事の公選についても、知事だけ公選で果たして民主化の目的を達し得るかどうか……公選された知事はその府県民の代表者として地方行政の執行に当たるのであるが、その代表者が官吏の身分を有せねばならぬというのも容易に納得できることではない……むしろ公吏に統一さるべきではないか……問題の警察権について一言も言及されていないのはどうしたことか……要するに、今回の改革案は知事や市町村の公選案とも評すべくその他の重要な点は後回しにしているやに観ぜられる」[28]。「今回の改正案が憲法の諸規定をかなり忠実に表していることは認められる。しかし、憲法改正案にいうところの『地方自治の本旨』の内容を、いかに解釈しているかの点に対しては、疑問をもたないではいられない。たとえば、公選知事を官吏としたこと……いまだに、官僚的なるものが清算されていない印象を受けるものである……外観上はいわゆる地方自治の民主化をはかっているが、その運営においては、内務省が都、府県の人事権を握って離さないことにより、実質的には中央集権的、官僚的な政治が行なわれるのではないかと、考えられるのである……地方分権思想に基づく地方自治制の民主化には、地方財政問題の解決も不可分である……かくの如く、地方自治制民主化の実現には、単に地方制度諸法案のみに限らず、広範にして複雑なる問題を伴っている」[29]。

議会からの批判

内務省の公選知事官吏制は議会でも強い批判がなされました。第九〇帝国議会の議員は、「翼賛選挙」の当選者であった第八九議会の議員とは構成を異にしています。

四六年四月の総選挙で登場した議員は、官僚主義に対する責任追求を積極的に行い、内務省の期待を超えた行動をとったのでした。

衆議院本会議での各党からの質問を見るだけでも、公選知事官吏制に対する批判が強かったことがわかります。公選知事官吏制に批判的でなかったのは進歩党だけで、同党の本間俊一議員は官吏制そのものへの賛否を明らかにせず、知事に部長以下の一切の人事権を与えるべきだとし、同党の宮沢才吉議員も同様の質問をしていました。それ以外の政党は政府案に批判的だったのです。たとえば自由党の岩本信行議員は、知事官吏制に対して「非常なる反対」と述べ、同じく自由党の松永仏骨議員は「公吏とするのが適当」としていました。社会党の中村高一議員は「知事及び地方庁官吏は凡て公吏となし、府県以下を完全なる自治体とする」ことを主張し、矢尾喜三郎議員も知事官吏制は改正というより「地方自治を攪乱するもの」と断じています。協同民主党の大原博夫議員は、知事は「公吏とするのが最も適当」とし、共産党の徳田球一議員は、公選知事を官吏とするのは「民主主義と云う名の下に事実上は官僚主義を一層強化」するものだと批判していました。無所属倶楽部の磯田正則議員は知事や部下の官吏も公吏としなければならないとし、細迫兼光議員も民選知事の下に官吏の部下がいることでは強力な府県制を予期できない、としていました。このような議論が七月十二日から始まる委員会審議でも続けられたのです。

八月二日の新聞は、政党間の修正案として「焦点である公選知事の身分については自由党側がまず軟化し、進歩党も歩調を揃えて政府原案の官吏制承認に大勢を押し切る形となり」と伝えていました。(30) その同じ日、東京都制改正案の審議に出席した憲法担当の金森徳次郎国務大臣は「純粋の憲法の立場から見ました考えと致しましては、地方公共団体の長は公吏であるべきものと考えております」との考えを明らかにしました。その後の衆議院委員会では、八月十六日の第十三回委員会から二十七日の第十五回委員会までを「懇談会」形式とし、各党の修正意見を協議します。ここで各党からの修正案――それに恐らくは司令部からの修正意見も――が調整され、(31) 政府原案に対する共同の修正案と附帯決議が提出され、八月三十日の第十六回委員会でこれらを可決したのです。

共同修正案は、都長官、区長、府県知事の身分を「改正憲法施行の日まで官吏とする」という附則を加えるなど大幅なものでした。さらに附帯決議では「政府は都道府県の首長及びその部下をすべて公吏とする都制、府県制改正案及びこれに必要なる法律を急速に整備し、来るべき通常議会に提出すること」など七項目の要求が掲げられていました。

内務省主導の改革の挫折

委員会で法案の修正議決がなされた三十日、大村内相が「地方自治制度改正ニ関スル今後ノ方針」を声明として発表します。今回の改正案の立案に当たっては新憲法の精神を採り入れることに意を用いたが、現憲法下における改正であったためになお足りないものがあったとして「更に第二次的の地方制度の根本的改正を図る必要があると考へて居るのであります」としたのです。内務省主導の「改革」は、この時期には、民政局の介入と議会による修正によって、もはや挫折せざるをえなかったのです。

八月三十一日、衆議院本会議で委員会の審議経過が報告され、委員会修正通り可決されます。法案はただちに貴族院に送られ、九月三日本会議、四日から十八日まで八回にわたって委員会審議が続けられました。ここでは衆議院での審議の論点に加えて、衆議院での修正に関する論議も行われました。[32] 貴族院審議では、内務省は「第二次の地方制度の改正と云ふことは立案に際して当初から考へて居つたことであります」といい、今次改正案は「時間的制約」があったとして「第二次改正に於きましては、改正の立案に対しましても民主的方法を十分に採り入れたい」と答弁しました。前掲の「答弁資料」に現われた態度から見ると大転換です。十八日の委員会で衆議院修正通りに可決、二十日の本会議では委員長の報告、討論の後に、衆議院修正通りに可決成立しました。

二十日、マッカーサーは地方制度改正案の議会通過に対して声明を発表しました。「地方制度改正案の議会通過は、これまで日本の民主主義的勢力が全面的に登場するのを妨げてきた絆を断ち切るとともに民主的社会の最も高邁な理想を終局的に完全に実現するための途を用意するものである。民主主義は国民に押しつけうるものではない……それは上から浸透すべきものではない。一般民衆の理解と信念との裡にその源をもたねばならない。民主主義は民衆の自由たらんとする意思から、彼らが有力者、少数の圧力団体、強固な官僚制による支配を受けることなく自らの地方の事柄を処理しようとする意欲と決意とから湧き出るものである」と。(33)

知事公選制の導入を主眼とする地方制度改正の四法律案は、枢密院の諮詢ののちに、九月二十七日に公布されました。

初めての公選知事選挙

一気に話が飛びますが、四七年四月五日に行われた初めての知事選挙について見ておくことにしましょう。知事公選制度は何を生み出したのでしょうか。この四月には、新憲法の施行に備えて新しい指導者を選挙するべく、知事選挙だけではなくて総選挙や参議院議員の選挙も行われました。四月二十五日の総選挙で社会党が第一党となり、片山哲内閣が出てきたのがこのときの総選挙の結果です。

最初の知事選挙のお話をする前に申し上げておきたいことがあります。それは、敗戦から第一回の選挙までの一年半余りの間は官選知事がいたわけですが、その顔ぶれは敗戦時と比較すると、既にほとんど一新されているということです。前にも少し触れましたが、四五年十月と四六年一月の二度とも知事が替わった府県が十三もあり、こうした県ではおよそ三カ月で知事が交代するという状況でした。このほかにも小規模な異動があり、四五年八月十五日以降、四七年三月までに、知事が一回しか替わらなかったのは十府県しかありません。それほど大きく知事の顔ぶれは替わっていました。

さて、四七年四月の最初の知事選挙です。今の選挙と少し制度が違い、有権者の八分の三以上の得票がない場合には上位二者で決選投票をするという制度でした。そういう制度のもとで、八つの道県で決選投票が必要になり、その決選投票が四月十五日に行われています。奈良県と宮崎県では、決選投票に残ったうちの一人が公職追放になり、二位だった人が無投票で当選しました。和歌山県では、最初二位だった人が決選投票で元の官選知事を破って逆転当選。制度が違うといろいろなことが起こります。

この知事選挙では、官選知事として任地にいた人も立候補することができたので、かなり多くの官選知事が立候補して当選しています。この選挙で選ばれた四十六人の公選知事のうち、二十六人が任地で知事だった人、それ以外の県の知事をやった人が二人います。その意味では官選知事が非常に強かったのですが、官選知事には民間人出身者や内務省以外の官僚がいましたので、純粋内務官僚出身の知事で公選知事となった人数はこれより少なかったのです。

制度がかわり、任命制ではありえなかったようなことも出てきます。新しい顔ぶれも出てきています。たとえば、九つの県で、任命制の前知事が立候補したものの落選しています。山形県、奈良県、佐賀県では、前知事と元知事が争いました。あるいは、地元出身の元知事と任地で知事だった人が争っているケースもありました。

新しい知事を政党別で見ると、元内務官僚の官選候補は無所属が圧倒的に多数です。政党でいちばん多かったのが社会党で、北海道、長野、徳島、福岡で当選しています。そのほかの政党は、自由党が三県（千葉・滋賀・和歌山）、民主党が三県（青森・群馬・島根）です。興味深いことに、地方政党の候補として当選した知事が五人います。岩手、秋田、栃木、兵庫、愛媛などで、岩手農政社とか秋田県民主党という地方の名称を冠した政党から出馬しています。政党も、まだ全国化していなかったのです。

官選知事以外の候補が当選したところをみると、保守系の候補であっても、「官僚打破」というスローガンを掲げて当選しており、時代の雰囲気を表しています。たとえば岩手県では地元の篤農家で、小学校しか出ていない国分謙吉という人が、岩手農政社から立候補して、官選知事を破って当選しています。その際の檄文があります。

「今や新憲法に依って黎明が来た。待ちに待った地方分権と知事公選が、今目前に来た。然るに曾ってこの理想を絶叫して来た政民両党の伝統を誇る自進両党支部が、漫然として旧官僚に阿附するに至っては、真に『時代錯誤』の甚大なるもので政党としては自から墓穴を掘るもので、彼等の前途亦知るべきのみ。我等は妄りに他府県人や、官僚を排撃するものではない。官僚は、事務家である。大いに必要である。然し彼らには政治が分からぬ。蓋し政治とは、人心の機微を明察して『時』を誤らざるにあり。この時を知るということは民間にあって、多年農工商の一事、一業に従事して、千辛万苦の経験によって自ずから備わるものである」。この後、アメリカが出てくるのですが、「故に米国の国祖ワシントンは一野人にして一呼して起てば十三州の独立成り、一農夫リンコルン起って南北の和平成り、以て今日の大アメリカ合衆国がある。デモクラシー民主主義の真髄は実に民間の志士、在野の遺賢を挙ぐるに存り若し不幸にして、旧政党の残骸に誤られて一介の官僚にしてやられるようなことがあれば眠る岩手山は爆発し、北上川が逆流するであろう」という調子のものです。幸いにもこの人が当選して、岩手山が爆発しないで済みました。

和歌山県では、小野真次代議士が自由党から立候補して、決選で逆転当選したわけですが、彼も同じようなことをいっています。従来の地方行政は「上から治める封建色の非常に強いもの」だった。知事は、県の実情や県民の知らぬ者が多くて、いばることだけは人並み以上であって、おおよそ自治とは縁がなかった。「今回の選挙は、誰が何といっても、こういう官僚を一掃するところに根本的な意義がある」。そう訴えて当選したのでした。

北海道の田中敏文知事は社会党から当選しましたが、三十五歳で道庁の係長から選ばれた最年少の知事でした。九州大学の林学科を出て、道庁に技師という形で就職した人で、組合ができてたまたまその委員長に推された。しかし組合の闘士ということでもなかったようです。選挙では、社会党から出るはずの有力候補が追放になりそうだというので、急遽彼を売り込んで候補にしたといいます。このときの選挙では、北海道では官選知事は立たず、自由党と民主党から有力候補が立った結果、票を分け合って、社会党の田中が一位になった。決選投票になったのですが、決選に残った勢いで当選したということです。

一係長が一躍長官になったわけですから、道庁の中は大変でした。田中が、古参の部長を呼んだら、「用事があるんだったら、君が来たらどうだ」といわれたという話が残っています。彼自身も自分は経験不足だったし、アドバイザーが欲しかったと回想の中で述べています。道庁でももちろん大変だったわけですが、支持政党の社会党との関係でも問題を起こすこともありました。というのは、彼は選挙スローガンで、食糧供出の際に、いわゆる強権発動をしないで民主的な供出をやるといっていたのです。ところが、農家から米が出ないことには輸入食糧も配給されません。結局強権発動をやってしまった。そうすると、公約違反だといって、社会党とか支持者の側から非難される。また、四九年になると人員整理が始まり、道庁でも人員整理をせざるをえない。そうすると今度は、組合のほうから突き上げられるということがありました。これらの強権発動にせよ、人員整理にせよ、軍政部からの圧力があったということがいわれていますが、他方で、軍政部の働きは、彼に知事としての自信を与えたところもあるようです。「中央政府の公務員に対するGHQの態度と自分に対する態度が少し違うのを感じた。それは結局、知事は住民から直接選挙されたこと、政府の任命ではないということを彼らが理解していたからだと私は考えた。これは、自分にとっては非常に強い力になった。北海道における日本人の代表は自分だという自覚を持つことになり、大衆の支持、選ばれた者としての責任はここにあるということを、それを通じて理解することになった」と田中は回想しています。

注

(1) 辻清明『日本の地方自治』岩波書店、一九七六年、四頁。
(2) 伊藤隆『現代史を語る1 荻田保内政史研究会談話速記録』現代史料出版、二〇〇〇年、一一五頁。

（3）『朝日新聞』一九四六年一月四日。
（4）『毎日新聞』一九四六年一月十九日。
（5）田中英夫『憲法制定過程覚え書』有斐閣、一九七九年、三三頁。
（6）GS to G-2 Liaison, 11, November 1945, HP 21-B-1.*
（7）高柳賢三・大友一郎・田中英夫編『日本国憲法制定の過程 1連合国総司令部側の記録による　原文と翻訳』有斐閣、一九七二年、（以下本書所収の文書は「ラウエル文書」とし、そのナンバーで示す）No.1文書。
（8）［Hellegers, 2001］, 670-672.*
（9）なお、第一稿、第二稿の全文は、佐藤達夫「憲法第八章覚書　その成立過程を中心として」自治庁記念論文編集部編『地方自治論文集』地方財務協会、一九五四年、三九一—四〇頁にある。
（10）［General Headqurters, 1949］, II, 657.*
（11）「憲法改正草案解説⑥」『朝日新聞』一九四六年三月十四日。
（12）自治大学校編『戦後自治史II（昭和二十一年の地方制度の改正）』一九六一年、三七頁。大村内相談として「民主政治は地方行政の民主化からと考へ、今議会に知事公選制を含めた地方制度改正案をぜひ提出したい」とある。『朝日新聞』一九四六年五月二十三日。
（13）「地方制度改革　内務省原案」『毎日新聞』一九四六年四月十六日。
（14）「大衆の知事罷免制　大村内務次官説明」『朝日新聞』一九四六年四月十八日。
（15）金丸三郎「地方制度改革の諸問題（三）」「自治研究」第二十二巻第六号、一九四六年、一九頁。

(16) 天川晃編『GHQ民政局資料占領改革　第8巻地方自治I』丸善、一九九八年、資料35。
(17) 前掲『GHQ民政局資料占領改革　第8巻地方自治I』資料38。
(18) 前掲『GHQ民政局資料占領改革　第8巻地方自治I』資料41。
(19) 前掲『GHQ民政局資料占領改革　第8巻地方自治I』資料42。
(20) 前掲『GHQ民政局資料占領改革　第8巻地方自治I』資料43。
(21) 前掲『GHQ民政局資料占領改革　第8巻地方自治I』資料45。
(22) 前掲『GHQ民政局資料占領改革　第8巻地方自治I』資料44。
(23) 内務省地方局『改正地方制度資料　第一部』内務省、一九四七年、七六－八三頁。
(24) 前掲『改正地方制度資料　第一部』一一七四－一三三〇頁。作成の時期は明確ではないが、本文で見るとおり貴族院での審議の答弁とはトーンを異にしており、衆議院での審議以前に作られたものと考えてよいであろう。
(25) 金丸三郎「地方制度改革の諸問題（二）」「自治研究」第二十二巻第五号、一九四六年、一一頁。
(26) 大村清一ほか「座談会「地方自治法制定の思出」」「自治時報」第十巻第五号、一九五七年、二一頁、郡祐一発言。
(27) 前掲『戦後自治史II（昭和二十一年の地方制度の改正）』五八－七六頁。内務省の整理によれば、府県制関係（五十項目）、市制関係（二十八項目）町村制関係（二十二項目）、東京都制関係（二十五項目）の修正申入れがあり、八月十六日（十二項目）、十七日（五項目）の修正意見が伝達されている。

(28)「地方制度の民主化に徹せよ」『毎日新聞』一九四六年七月三日社説。
(29)「地方自治の本旨を貫け」『朝日新聞』一九四六年七月五日社説。
(30)「知事官吏制に傾く」『毎日新聞』一九四六年八月二日。
(31)「司令部の意見は、議会修正としてとりいれられることになった。議会側独自の修正意見とともに、折衝が行われたのだが、それには、政府側だけでなく、貴衆両院議員も直接当たるようになった。改正法は、各項目について、一つ一つ司令部の承認を得て成立をみたのである。」小林與三次『私の自治ノート』帝国地方行政学会、一九六六年、一六三頁。
(32)中田薫委員の問「此ノ修正ニ付テ……一ツトシテ政府ノ意思ニ反シテ修正ヲヤッタト云フコトハナイ」と了解してよいかとの問いに対し、内相は「事項ニ依リマシテハ十分御打合ヲ申上ゲマシタ点モゴザイマスルガ、衆議院独自ノ見解ニ於キマシテ決定ヲ見ルニ至ツタ点モアルノデアリマス…ソレカラ尚申上ゲマスガ、此ノ修正ニ付キマシテハ司令部側ノ一々ノ承認ヲ取ルコトニナッテ居ルノデアリマス、此ノ点ニ付キマシテ、何レモ司令部側ニ於キマシテモ、異存ナシト云フコトニモ相成ッテ居リマス、サウ云フ次第デアリマスノデ政府ト致シマシテハ、此ノ決議ヲ、衆議院ノ決議ニ関シマス限リ尊重致シタイト云フ風ニ考ヘテ居ル次第デアリマス」。九月十一日、貴族院委員会。内務省地方局『改正地方制度資料 第一部』内務省、一九四七年、九七三―九七四頁。
(33)[General Headqurters, 1949] II, 1063-1064.*

地方自治法の制定

さて、本章では地方自治法の制定を取り上げます。二〇一七年は地方自治法施行七十周年にあたりますが、最初にあらかじめ、地方自治法制定の経過を簡単に概観しておきます。前章で触れた知事公選制の導入を画期とすれば、これは第二次改革と呼ぶことができます。

第一次改革から地方自治法の制定へ

第一次改革の法案審議の衆議院の委員会で「府県知事は、改正憲法施行の日まで官吏とする」との修正がなされた一九四六年八月三十日に、大村清一内務大臣は「更に第二次的地方制度の根本的改正を図る必要がある」として、第二次改革の法案の立案のために地方制度調査会を設置するという声明を発表しました。こうして地方制度の第二次改革へのレールが敷かれたのです。

地方制度調査会の設置

地方制度調査会は、十月二十四日に第一回の総会が開催され、内務大臣から四項目の諮問事項が提出されました。調査会では三つの部会を設置してこれらの諮問事項を検討し、十一月二十六日の第三回総会で各部会からの報告がなされました。この日には内務大臣から地方税制、財政制度に関する追加諮問がなされています。そして十二月十一日の第五回総会では追加諮問を審議するために第四部会を設けるとともに、国政事務処理特別小委員会と五大都市特別小委員会を設置しました。そして十二月二十五日に正式の答申を出したのです。

この答申では「現行東京都制、道府県制、市制及び町村制を廃し、単一の地方自治法（仮称）を制定すること」とされました。そこで内務省では、地方自治法の法案要綱、法律案を準備します。四七年一月七日の閣議で、内務大臣が地方自治法案要綱の説明をしたのですが、大蔵省の反対などでこの要綱は閣議で決定されませんでした。内務省はあらためて法案を準備、二月八日に三百五条の地方自治法案ができました。これに対して各省の意見や総司令部からの意見が寄せられ、内務省は再度法案を練り直し、三月十一日に「法案要綱」と地方自治法案が閣議決定されます。

地方自治法案は三月十五日に第九二帝国議会、すなわち最後の帝国議会に提出されました。三月十七日に衆議院本会議で内務大臣の提案理由の説明がなされ、翌十八日から地方自治法案に関する委員会で審議が始まりました。三月二十日の第三回委員会で各党からの共同修正案が提出されて、これを可決します。そして二十二日に衆議院本会議で修正議決し、直ちに貴族院に送られました。三月二十三日には貴族院本会議で地方自治法案が上程され、特別委員会に付託されます。三月二十七日の第五回の特別委員会で修正案が提出されて可決。二十八日の貴族院本会議で修正可決されます。その日のうちに法案は衆議院に回付され、衆議院では貴族院の修正に同意して、地方自治法が成立したのです。

こうしてできた地方自治法は、四月十七日に法律第六七号として公布されます。以前にお話したように、四月十七日は明治の自治制である市制町村制が公布された日です。そして五月三日から、日本国憲法と施行と同時に施行されたのです。

第一次制度改革が成立したのが九月末ですから、約半年で地方自治法が制定された

	主な出来事	内務省関連	民政局関連
1946（昭和21）年後半			
8月30日		地方制度改革法案、衆議院委員会で修正可決。大村内相、第二次改革の声明	
9月2日		大村内相、ホイットニーを訪問	
9月20日	マッカーサー、地方制度改革に関する声明	地方制度改革法案、貴族院本会議で可決	
9月30日			グラジャンジェフ「地方制度改革」
10月24日		地方制度調査会第1回総会	
10月26日	臨時法制調査会答申		
11月3日	**日本国憲法公布**		
12月25日		地方制度調査会答申	
1947（昭和22年）			
1月7日		閣議で「地方自治法案要綱」の説明	
1月8日		臨時閣議で国費・地方費の負担区分問題で内務省と大蔵省対立。大蔵省案が通る	
1月31日	**吉田茂内閣改造**	植原悦二郎内相、斎藤昇次官	
2月1日	**2・1スト中止**		
2月8日		地方自治法案草案（305条）を完成	
2月10日			CS、公安課に警察再編計画の提出を要請
2月17日		地方制度調査会「特別市制に関する件」「地方制度改革に伴う地方における国政事務の処理に関する件」	
3月11日		閣議決定「地方自治法案要綱」（305条）	
3月17日		植原内相、衆議院本会議で地方自治法案の提案説明	
3月22日		衆議院委員会・本会議で地方自治法案を修正可決	
3月27日		貴族院委員会で法案を修正可決	

年表4（189ページに続く）

わけです。その半年の内訳をみると、地方制度調査会での検討が約二ヵ月、その答申を受けて法案化に約三ヵ月かかり、そして議会での審議は実質二週間という短期間のうちに制定されたのです。

辻清明の評価

地方自治法が制定された当時にどのように受け止められていたのか。一例として辻清明の議論を紹介しておきます[1]。

辻の論点の一つは「地方自治法が昭和二十二年五月三日に新憲法の実施と日を同じくして発足したことは両者の間に存在する深いつながりを物語」り、近代的民主制が地方自治の存在と機能の上に成り立っているという指摘です。

もう一つは、従来の各種地方団体に対する独自の法規が、地方自治法によって一本化されたことの意義を評価するものです。すなわち「従来のわが国地方自治制において、地方団体の種別の差異に照応して、それぞれ固有の法規が存在していたという事実こそ、正に地方団体に対して加えられていた官僚制的拘束のいみじき反映であった」とされるのです。町村のような下級地方団体から、市都道府県などの上級地方団体へ

3月28日		貴族院本会議及び衆議院本会議で法案を可決	
4月5日		第1回知事、市区町村長選挙	
4月12日			スウォープ「公安課の警察改革案」
4月17日		地方自治法公布	
4月20日	**第1回参議院議員選挙**		
4月25日	**第23回総選挙。社会党第1党**		
4月30日		統一地方選挙。都道府県会、市区町村議会議員選挙	「内務省分権化」の覚書
5月1日	終連山田政治部長、ケーディス会見	内務大臣談話	
5月3日	**日本国憲法施行**	地方自治法施行	
5月5日		斎藤次官、スウォープ会見	
5月13日		斎藤次官、ケーディス会見	
5月19日	行政調査部、内務省に民政省案・総務省案を提示		
5月20日		「分権化」に対して採るべき措置	
5月23日		「分権化」に対する内務省意見	
5月26日		行政調査部に公共省案を提示	
5月27日	宮沢機構部長、ケーディス会見		
6月1日	**片山哲内閣発足**		
6月9日		木村小左衛門内相、鈴木幹雄次官	

進む段階に応じて、これら自治団体は官僚制的行政機関の性格を帯びることになり、これまで下級地方団体は上級地方団体によって一層複雑な加重的拘束を負荷されてきたのです。したがって、「わが国の地方団体の法規の多元的存在こそは地方自治団体に対する官治的濃度を測定するバロメーターであった」とされるのでした。

以下では、辻のいう憲法と地方自治法の関係、また地方団体に対する多元的法制と一元的地方自治法という点にも着目しながら、地方制度調査会の議論から地方自治法の制定に至る過程の、いくつかの問題を見てゆくこととします。

大村内相声明

最初に一九四六年八月三十日の内相声明をとりあげます。九項目に及ぶ第二次改革の課題をあげたこの声明は、総司令部民政局の要求で発表されたものでした。七月二十六日付の民政局内の一覚書には、「内務大臣との会談の結果、大臣が議会及び新聞に対して発表するべき以下の声明が作成された」とする内相声明の草案があります。(2)これは内相が第一次改正の議会審議中に発表することを想定した文案で、現在の制度改革の意義とその過渡的性格を述べたのちに、次の議会で「新憲法で確立した地方自治の原理（local autonomy principle）と合致するよう」（地方政府に）関連する分野の事務、および地方政府の構造の改革（九項目）に関する法改正を約束するという内容のものです。便宜上、この声明案後半部と実際の内相声明の対照表（表）を掲げておきましょう。

この声明文の構成と内容を見ると、前章で見たティルトン覚書とそれに対する民政局内部の意見の調整・妥協の跡を見ることができますが、ここでの問題は、民政局が、憲法草案と関連づけながら、いかなる地方制度を考えていたのかという点です。まず声明案の内容をまとめておきましょう。

民政局による声明案の内容

第一に、知事の身分が根本的に変わるので、これに関する法制を整備する必要がある（第一項）、としています。知事はもはや官吏でなく、県会と県民に責任を負う。例外的かつ特別の目的のために中央政府に責任を負うことがあるが、それは地方自治の原理に反しない法律によってのみなされる。知事は県会の承認を得て部下の吏員を任命する。知事が解任されるのは、県会の多数の要求か、弾劾、あるいは選挙民の多数の要求によってのみであるとされます。

	ティルトン作成の内相声明案	大村内相声明
関連分野の事務	「地方警察（local police）、教育、保健衛生（health and sanitation）、地方財政、地方労働（local labor）に関する事項は、地方政府の排他的管理、管理下におかれる。 これらの分野における国の政府の仕事は、全国的基準の設定、調整および情報の収集及び頒布に制限される」	「警察、教育、保健、衛生、財政及び労働等の国政を原則として地方自治団体に委譲してその指揮監督下に置き、中央政府は、これらの事務については、全国的基準の設定、各地方団体間の調整並びに情報の蒐集及び分配に関する職分を行うに止める様な方向の下に、……」
地方政府の構造	1.「知事の地位を根本的に変化させる」（①官吏でない、②県会及び県民に責任を負う、③例外的かつ特定目的のためにのみ、地方自治原理に反しない法律で、中央政府に責任を負う、④県会の承認のみで吏員を選任する、⑤県会の一定の多数決のみで解任されうる）	①「知事の身分の切替えに従い新たな見地より府県の組織及び運営の制度を確立すること」
	2.「地方政府とその機関に影響を与える全ての司法的決定は適当な裁判所によって行わせる」	⑧「地方自治行政における司法的決定は適当な裁判所をしてこれを行わしめること」
	3.「地方政府諸法を執行するその他すべての法律、勅令、命令は精しく検討し地方政府諸法に調和して適合するよう改正する」	⑨「右各号の改正に伴いこれに即応するように関係附属法令を全面的に改正すること」
	4.「懲役前科の結果として選挙権、被選挙権を失うという条項を変える」	⑦「刑の宣告を受けた者に対する選挙権及び被選挙権の欠格条項を整理すること」
	5.「市町村住民が希望する政府の形態を自分たちで選択することができるように地方レベルでの政府組織の形態に変化をもたせる条項を用意する。市町村は自己の事務を、上からの細かい監督なしに、処理する権限を与えられる。知事は公聴会を経て市長を解職する権限をもつ」	③「市町村に対して自主的にその行政組織を選択せしめ、又特に監督を受くることなく、その事務を自主的に処理せしむる権能を与えること」
	6.「住民の意思の真の議事機関として地方議会を強化するために県会、市会、町村会に対し権限を拡充させる」（①完全に孤立した立法機関、②独自の事務局、書記、職員をもつ、③全公共事務の調査権、④会期の増加、⑤議員による会議の召集権）	④「地方住民の真の意思機関としての地方議会の地位の強化及び権限の拡充を図ること」
	7.「地方政府の増加職員の任命は地方議会に承認させる」	⑤「公吏の採用、分限等の制度を刷新整備すると共に、公吏及び議員の責任及び任務の増加に鑑み、これらの者に対する給与を改善すること」
	8.「人事問題全般に関し一層の研究と検討を行なう」	
	9.「地方政府における内務省の監督・指揮事項は完全に改める。府県市町村は今後一切これらの事項を自ら処理する。従って内務省からの規制は、地方政府には完全に不必要になる」	⑥「中央官庁の監督権を徹底的に整備すると共に法律に基かざる命令により地方団体の活動を制限することはできないものとすること」
		②「大都市の特殊性の即応するが如き大都市制度を確立すること」

表「民政局の内相声明案と大村内相声明」
（天川晃「地方自治法の構造」中村隆英編『占領期日本の経済と政治』1979より）

第二に、地方議会の強化です（第六項）。県会、市町村会を住民の意思の真の審議機関とするために、その権限を拡充させる。議会を完全に独立させて事務局とスタッフを持ち、公共事務に対する調査権を持ち、職員から報告を聴取し証人喚問権を持つ。会期を増やし、議会が招集権を持つこと、とします。

第三に、内務省の自治体に対する指揮・監督権を完全に改めること（第九項）。県、市町村は今後あらゆる事項を自分で処理する。したがって内務省からの規制は自治体には完全に不要になる。そして、自治体に影響を与える司法的決定は、裁判所によって行われることになります（第二項）。

第四には、市町村の住民が自分たちの希望する政府形態を選べるようにする条項を置く（第五項）、とされました。市町村は自己の事務を、上からの細かい監督なしに処理できる権限を与えられるようにします。

第五に、地方自治法を施行するためのすべての法律・勅令・命令は、自治法に合致するように精査して改正すること（第三項）。

また、地方の警察、教育、保健衛生、地方財政、労働などについては完全に自治体の指揮監督下に置かれ、この分野に関する中央政府の役割は、全国的規準の設定、調整、情報の収集と配付などに制限する。これらのことを民政局の声明案では予定していました。

実際の内相声明

一方、この声明案文を受けて作成されたと思われる内相声明についてみると、民政局の案文になかった第二項の大都市制度に関する問題を一応別にすれば、[3] 全体的に、あいまいな性格になっていることは否めません。

第一に、「知事の身分の切り替えに伴い新たな見地より府県の組織及び運営の制度を確立すること」(内相声明第①項) 及び「地方住民の真の意思機関としての地方議会の地位の強化及び権限の拡充を図ること」(同第④項) は、抽象的な文言ではありますが、民政局の要求を採り入れています。これらは内務省にとっても問題が無いところだったのでしょう。

第二に、民政局が内務省と特定していた監督権を、「中央官庁の監督権を徹底的に整備すると共に法律に基づかざる命令により地方団体の活動を制限することはできないものとする」(同第⑥項) として、中央官庁の監督一般の問題に変更しています。

第三に、民政局案で市町村が政府形態を選択できるとしていた点については、「自主的にその行政組織を選択せしめ」（同第③項）と内部行政組織に限定しています。そして第四に、民政局がすべての法令の地方自治法との整合性を求めていたのに対しては、「関係附属法令を全面的に改正する」（同第⑨項）としています。

このような日本文の内相声明への転換は、ある程度は意図的に進められたものと思われます。そして民政局側が内相声明案で期待したことと、内務大臣が実際に行った声明との間のズレが、その後の第二次改革の過程でも出てくることになるのです。

地方制度調査会

内務省の当初構想だった公選知事官吏案が否定されて公選知事公吏制となれば、既に述べてきたように「内務省―府県システム」が大きく変容することを意味します。内務省の人事権、自治体への監督権を基礎として成り立ってきたこのシステムを変更し、知事を公吏とするとどのようなシステムが可能なのかという問題が突き付けられたのです。この課題に取り組んで新たな制度の青写真を用意する役割を担ったのは、先述の地方制度調査会でした。それでは調査会は、どのようにしてその回答を用意したのでしょうか。

地方制度調査会は、四六年九月二十八日公布の同官制（勅四七二号）で設置されました。「内務大臣の所轄に属し、その諮問に応じて、地方行政に関する事項を調査審議する」ことを任務とし、両院の議員関係、一般地方団体関係、各界関係、婦人関係から五十四名のほか、臨時委員（六大都市、官吏関係）および各省事務官を主とする幹事も任命されました。

十月二十四日の第一回総会で、以下のような四つの諮問事項が提出されました。

第一　地方自治制度について更に改正を加える必要があると認められる。これに対する改正の要綱を示されたい。

第二　府県知事等の身分の変更に伴って、地方における国政事務の処理を如何にするか。その要綱を示されたい。

第三　大都市の現行制度について改正を加える必要があると認められる。これに対する改正の要綱を示されたい。

第四　府県知事等の身分の変更に伴って、地方団体の吏僚制度をいかにするか。その要綱を示されたい。

内相はこのとき「本調査会に臨む政府の態度は全くの白紙でありまして、原案提出等のことは考えていない」と強調していました。次いで郡（祐一内務省地方局長）幹事が諮問各項目の説明をしたうえ、地方制度改正と総司令部との関係、会の日程等についても説明しました。これに対し各委員から総括的な意見発表がなされ、最後に三つの部会を発足させることを決めて、第一回総会は終ります。[4]

翌二十六日、議長（中島守利議員）が所見を発表し、現行の東京都制、道府県制、市制、町村制をまとめて地方自治法とし、それを「只今のような唯規則的な法制ではなく、理念を織込んだ地方自治法にしたら宜いのではないかと思う」と発言しました。次いで午後から、三つの部会に分かれ、それぞれの部会で幹事から各諮問に関する「調査項目」が配布され、その説明が始められます。

地方制度調査会にとって、諮問第二が課題の中心であったことは疑いありません。諮問第二の核心は、現在官吏たる府県知事に処理させている事務を公吏たる知事にそのまま継承させるか否かであり、さらにはその場合の方法如何、ということでした。

諮問第二の「調査項目」は以下の五項目です。

第一　国政事務の中どのようなものを地方公共団体に委譲すべきであるか。

第二　府県知事等を公吏とするに伴って、現在行政官庁としての府県知事に処理させている国政事務は、今後どういう形で処理して行くか。

第三　府県に委譲した国政事務に対する国家の統制はいかにして行うか。

第四　府県相互間の行政の調整ないし統制をいかにして行うか。

第五　特別地方行政機関の中で府県に統合することを適当とするものはないか。

諮問事項の説明にたった郡幹事は、現在知事が処理している事務の性質を直ちに地方団体の事務と観念するか、あるいは府県という団体に委任するか、府県知事という機関に委任するか、いずれか方法がありうることを説明しました。そして同時に、知事の処理する事務が従来に比して少なくなることは、行政上支障を生ずると加えたのです。府県知事を公吏とすることは、府県が市町村と同様な完全自治体になることです。その場合、府県と市町村との間の性格の差異は何かという問題もまた登場してきます。両者を完全に同質のものと考えるのか、それとも従来通り、上級と下級の関係にあると考えるのか。知事公吏制の導入は、府県と市町村の性格の差異をいかに考えるのかという問題も含んでいたのです[5]。

内務省の想定

内務省は原案を出さないものの、その考えの大筋は「調査項目」から推定できます。第一に、これまで官制の体系で保障されていた地方団体による国政事務の処理および監督権を何らかのかたちで残すことと、国政事務を地方団体に委譲する場合にも何らかの調整や統制の手段を確保しておくこと。第二に、府県は地方公共団体であるが、府県と市町村の性格は異なるものとすること。少なくともこの二つは想定できます。

しかし、この二つの方針だけが決まっていたとしても、それだけでは確定的な解は得られません。部会における内務省幹事の発言を検討してみると、発言者によってニュアンスの差はあるものの、今あげた方針すら一つの可能態として述べられるにすぎず、新憲法の条文が、それ以外のさまざまな可能性をも内包させていることが浮びあがってきます。そうであればなおのこと、多くの可能性の中からいかなる方向を選択するか、地方制度調査会の答申は決定的な意義を持ったのです。ここではまず、内務省幹事が想定していた可能性の幅を確認しておきましょう。

まず国政事務の処理とその監督ないし統制という論点です。その時点で行政官庁としての府県知事が処理している国政事務については、三つの可能性が考えられています。それを、(1) 全部地方団体の事務と観念するか、(2) 地方団体に委譲すべき事務と国政事務とに分割するか、(3) すべてを国政事務とし続けるか、です。ある種の事務の地方団体委譲という方向を内相声明でとっている以上、(3) の方向は困難であり、また内相声明の案文からみても、(1) の方向まで要求しているわけでもなく、基本的には (2) の方向が考えられていたとみることができます。(6)

この前提に立ったうえで、いかなる事務を地方団体に委譲するのか、地方団体への監督、統制をいかにして行うのかが問題でした。そこでも三つの可能性が考えられます。ここでは監督ないし統制の形式の側面を中心に検討してみると、(1) 監督ないし統制は、「個々の法律」に関して「立法府である国会」が「立法の形において」当るという方向があります。次に、(2) 中央官庁の個々の法律、個々の法制についての監督権は成り立つが一般の監督権は成り立たないという方向です。(3) には中央官庁が一般的な監督権を留保することができるという方向もあります。そして内務省の志向は、この（3）の方向にありました。

（1）の方向をとって地方団体に関する監督、統制を立法部に委ねることは従来の日本の法制構造からの根本的転換を意味するうえ、現実的には、公選によって選ばれ背後に政党の存在を予想させる知事が「府県ブロックの弊」に陥る可能性が高く、「健全なる輿論に全部を任せるということは困難」と考えられたからです。さりとて「公選知事不信」のみに発して監督を根拠づけると（2）の方向となり、各省が特別地方行政機関を個別に設置・監督することとなります。これでは従来の知事の有した「総合力」が失われ、「行政上洵《まこと》に支障が多い」。したがって、（3）の方向をとるためには、府県ブロック化に対する全体性、各省割拠化に対する総合性を含んだ論理で監督・統制を根拠づける必要がありました。

このために用いられたのが「国家が地方自治というものを、その憲法において認めているのは、国家が必要とする限度において、地方自治の存立を認めておるのであるから、国は一般的な監督権を留保することができる」[7]という憲法を援用した論理でした。そして一般的監督権である限り、内務大臣が地方官官制によって持っていたような監督権が想定されていることは明らかです。

多元的な地方団体の扱い

次に、「多元的」地方団体に関する問題も見ておきます。第一は府県と市町村の関係をめぐってです。公選知事の下の府県を、（1）完全に市町村と同列・同等の自治団体とみなすか、（2）個別的に府県知事に対し機関委任の形で市町村の監督をさせるか、（3）「市町村を包括する団体であるという府県の性格」を根拠に「いろいろな監督的の仕事を自治団体としての府県にやらせる」か。三つのあり方が考えられます。内務省は（3）の方向を志向していました。

第二は市町村の「自主立法権」の範囲です。一つの方向は「ホームルール・チャーター」のようにその範囲を相当広くとり、廃置分合・境界変更、各種の事業内容、自治体の組織・機構までをも決定させる、という方向によって「できるだけ地方制度の画一化を避け」るという考えです。(8) いま一つの方向は、「国家の統制を加えなければならない基本的な事項」は一般的に法律で定め、「比較的些末な、或は事務的な事柄」については「自主立法権に任せる」という方向です。内務省の考えは、従来の「条例」

の範囲を少しは拡張するが基本的には第二の方向をとることでした。

第三に地方団体に関する立法形式の可能性をみておきます。諮問第三の「大都市制度」に関する事項（東京都、五大都市）の立法形式は、憲法九五条との関連で問題とならざるを得ませんでした。ではどうするのか。第一の可能性として、東京都制・特別市制を別個の法律で規定するならば、憲法九五条にいう特別法として住民の一般投票が必要となります（ただし、現行憲法下での法制定なら、この問題は起らない）。しかし第二に、これらの規定を一般法としての地方自治法に設けるならば、この法律自体は九五条の特別法には該当しません（ただし、当該地域の境界変更とか大都市の設置自体の法律は特別法となる）。これが内務省の憲法解釈でした。そしてこの二つの可能性のうち、立法上の便宜からも、内務省が第二の道を考えたのは当然でした。

以上見てきた通り、第二次制度改革の出発点における論点の整理は、この憲法下における地方制度の多様なあり方の可能性をかい間見せたといってよいでしょう。そうした無定型な状況のなかで、内務省がほぼ一定の志向を持っていたこともまた明らかでした。そしてそこに秘められた多様な可能性の選択が、地方制度調査会に委ねられたのでした。

十二月二十五日に地方制度調査会が出した答申は、現行制度の現状をほぼそのまま継続させることを基本とした内容のものでした。

答申は第一に「立法形式」に対する解答として「現行東京都制、道府県制、市制及び町村制を廃し、単一の地方自治法(仮称)を制定すること」と述べて、従来の多元的な地方団体法を一元化することを要求しました。この結論からすれば、都、道、府県、特別市、市、町村という団体の区別をつけながらも、それらに対する別個の法律は予定しないのです。五大都市は特別市として現在の府県から独立させるが、「原則として道府県の制度を適用する」こととしています。第二に「道府県と市町村との関係は、現在の通り、道府県を上級自治団体とすること」という結論でした。「現在の通り」というのは、現行の地方官官制と地方団体の法律が支えている「現在」です。つまり官制の体系が地方自治法に潜入することを、暗黙裡に想定しているようです。そしてそれが「府県知事の市町村に対する監督権」と結びついていると思われます。第三に、自主立法権に関しては「法律の定める一定の範囲内において、地方団体をして、その組織を自主的に決定させること」とされ、諮問の「市町村の組織等」に含まれた多様な可能性を封印しています。さらに道府県については「局部課等の組織は、原則として、現行制度によるものとすること」とし、ここでも現行の地方官官制の組織が条例を制限することを予想させています。このように調査会は「多元的」地方団体の存在を認めつつも、それを「一元的」な地方自治法の中で処理するという道を選んだのです。

国政事務の処理と監督問題に関して、答申の採った方向を見ておきます。「国政事務は、原則としてこれを府県に委譲し、事務の性質上委譲することが困難なものは、府県又は府県知事に委任する」という答申は、第一に大方針として、現行の国政事務の府県委譲を採っていますが、そこに委任事務として残るものが存すること、委任の方式は団体または機関に委任することを前提としていました。第二に、「特別地方官衙は、極力これを府県に統合すること」として、現在府県知事が処理している事務は引き続き府県で処理することにし、府県での総合力を確保すべきことを方向づけています。[9] しかし、第三に、事務委任・委譲の形式についてみれば、「事務の種類に従い、各法律又は政令により……委任する」、「委譲した国政事務に対する国家の統制は、各法令中に規定する」となっており、個別に法令の形式で委任または委譲することが想定されています。しかも、必要となるこの個別的法令全体を調整ないし統制するための形式については、何ら言及されていません。すなわち、原則として国政事務の府県委譲という大方針を取りながらも、これを保障する「一元的」法律をもたずに「多元的な法律及び政令」を許す、という道を選んだのです。

このように見れば、調査会の答申は次のように要約できます。すなわち、地方公共団体の組織に関する事項は、団体の種別にかかわらず、単一の地方自治法を制定する。地方公共団体の運営に関する事項は、事務の種別に応じて個別的・多元的法律または政令で定める。もとより調査会にはこの逆の、団体の種別に応じた多元的組織法、事務の種類にかかわらない単一の運営法という選択肢があったこと――そしてこの「立法形式」が民政局の構想に近い選択であったこと――は、既に指摘したとおりです。ともあれ調査会の採った方向の大筋は明瞭でした。この答申を受けて、内務省は地方自治法案を作成することとなったのです。

地方自治法の法案化

内務省は地方制度調査会の答申を基本としつつ、地方自治法案の法案要綱と法案を作成してゆきます。最初に話した通り、これに三カ月の期間がかかりました。その経過の概要を『戦後自治史』の記述からまとめておきます。

まず四七年一月七日に閣議で「地方自治法案要綱」が説明されたのですが、決定に至りません。翌一月八日の臨時閣議では大蔵省から反対があり、当初の内務省案はやはり認められません。そこで内務省は法案を練り直して条文化の作業を急ぎ、二月八日に二百二十条から成る草案を完成させました。そしてこの草案に対し各省の意見を求めると共に、総司令部とも接触しますが、ここでもさまざまな修正要求が出て来ました。これらの要求を受けて再度法案要綱と法案を練り直し、三月十一日になってようやく議会に提案する地方自治法案が閣議決定されたのでした。このように国内の省庁、および民政局との調整が長引いたために、法案化の作業は手間取ったのでした。この過程で生じたいくつかの問題について論じたいと思います。

一月七日法案要綱

最初に一月七日の「法案要綱」について。『戦後自治史』には一月七日の「地方自治法案要綱」が収録されています。現在自治大学校が所蔵している「戦後自治史関係資料」には、これと同じ「法案要綱」は残されていません。少し戸惑いはありますが、地方制度調査会の答申と対比しながら、『戦後自治史』の「法案要綱」を見てゆきましょう。

そこにいくつかの変化を見ることができます。第一に地方自治法の性格について、新地方自治法は、答申にあった従来の多元的地方団体法を一本化するのに加えて「東京都官制、北海道庁官制及び地方官官制の規定を統合整理」して制定することとされました。この点は地方制度調査会の議論の中でも、暗黙の裡に想定されていたことだと思われます。この結果、道府県の「基本的局部」、副知事等の主要職員についての規定等が地方自治法にもりこまれることとなりました。以前に見た通り、臨時法制調査会では当初は、地方官官制などに対応する地方行政官庁法という法律を作ることを想定していました。しかし新憲法下で知事が公吏制になることになった以後は、この法案の検討は取りやめており、十月二十六日の臨時法制調査会の答申でも地方行政官庁法は落とされていました。

第二に、これと関連して府県と市町村の団体の性格づけを、答申の「上級自治団体」としての道府県、「基本的自治団体」としての都、市町村ではなく、都道府県には「区市町村を包括する複合的地方公共団体」という性格づけを与えています。ただし、自治大学校所蔵の資料には「都道府県及び市町村等の地方公共団体としての性格上の区別を撤廃すること」とする別の「法案要綱」もあり、[10]都道府県と市町村の性格付けをどのようにするのかについては、確定していなかったものと思われます。

第三に、答申の「国政事務は、原則として、これを府県に委譲し」との大方針通り、府県と特別市は「現在の官制により地方長官その他特別行政機関の所管している警察その他の国政事務を処理する」としています。これを保障するため「前項の国政事務の範囲は、概ね別表一及び二によること」とし、別表一（委譲する国政事務の種類）では「現在地方長官の所管している国政事務」など十五項目の事務を、別表二（特別地方行政官庁等の措置）では廃止すべき八特別地方行政官庁をあげて、その所管事務を都道府県と特別市に処理させるとし、土木出張所など五つの特別地方行政官庁以外の事務所類の廃止をあげていました。この他、地方公共団体間の「連絡調整をはかるため……連絡協議会の制を設けること」も加えています。

このように内務省の最初の「法案要綱」（一月七日）は、調査会の答申の基本方針を継承しつつ、国政事務の府県への委譲の問題を、地方自治法の別表で処理をするという形で達成しようとしていたのでした。

翌八日の閣議で内務省と大蔵省の意見が対立して、内務省案は撤回されます。これにより、内務省が基本線とした国政事務の委譲は後退します。国政事務を委譲したり特別地方行政官庁を廃止したりすると、国費と地方費の負担区分を変更する必要があり、この調整がつかないと予算編成ができないからでした。

この内務省の地方自治法構想の推進に対し、政府各省から強い反発が出てきました。それは一言でいえば、法案要綱の別表に掲げられた国政事務を府県に委譲しあるいは出先機関を廃止することに反対、というものでした。このような要求をなす各省の論理には、いくつかの類型があります。まず、(1)内務省の構想には実益がないのみならず現在の実情に反し、または抵触するという現状論(大蔵・農林・運輸省)です。また、(2)国政事務は全国的問題に関わるから「地方の立場からではなく国の立場から」監督が必要であるという国(中央官庁)の監督論(物価庁、大蔵・農林・厚生省)。その限りでは内務省と同じ立場です。しかしこれが内務省と異なるのは、(3)その事務の「技術的性格」を根拠とする「総合性」や「一貫性」を主張する(大蔵・農林・厚生省)点にあります。そして最後に、(4)総司令部の指令・要請の援用(物価庁、運輸・厚生省)です。内務省の構想は、知事の身分変更にもかかわらず国政事務を府県に委譲して、府県知事が現在行っている機能を維持しようとするものでした。しかし、国政事務は官吏が行うという仕組みを前提とする各省庁が、この内務省の構想に従う可能性は少なく、他省庁はむしろそれぞれの出先機関の増設・強化をはかったのでした。

二月八日法案と三月十一日法案にみる「内務省―府県システム」

次に二月八日の地方自治法案とその法案要綱と思われるものを見てみましょう。(11) この法案は三篇構成で、第一篇「総則」、第二篇「普通地方公共団体」、第三篇「特別地方公共団体及び地方公共団体の特例」となっており、一月法案要綱にはなかった、普通地方公共団体と特別地方公共団体という概念が新たに導入されています。

一月七日の法案要綱（以下「旧要綱」とする）と比較してもっとも大きな変化は、現在の国政事務の府県委譲という方針を放棄したことです。すなわち「各省と折衝の結果地方特別官衙はこれを府県に統合せず、都道府県知事がこれを指揮監督することとした」のであり、その結果、旧要綱の二つの別表形式による国政事務の府県への委譲・統合という構想は完全に崩れることとなりました。そして国政事務の府県委譲がもはやありえない以上、内務省の課題は、この状況でいかに実質的に府県による国政事務の統合をするのか、ということに変わっていました。そして各省の割拠に対抗する選択肢は、府県に委任された事務を処理する府県の執行機関を整備・強化し、これを「国の監督」と接続させる以外になかったのです。

こう見てくれば、新法案を貫く基調は明らかです。第一に、府県およびその執行機関の強化、整備。二月法案では、第一五七条で都道府県知事は条例で「警察署、消防署、食糧事務所、食糧検査所、営林署、木炭事務所、勤労署及び社会保険出張所を設けなければならない」と、別表第一、第二にあったいくつかの出先機関の処理を地方自治法の中に滑り込ませようとしていました。この案は三月十一日案では「警察署その他の行政機関を設けるものとすること」と改められており、他省庁からの抵抗があったことがうかがえます。他方で、二月法案で「普通地方公共団体の長は、当該普通地方公共団体の事務並びに従来法令により及び将来法律又はこれに基づく政令によりその権限に属する国、他の地方公共団体その他公共団体の事務を管理し及びこれを執行する」となっていた条文が、三月法案では「都道府県知事は、当該都道府県の事務及び部内の行政事務並びに従来法令により及び将来法律又は政令によりその権限に属する他の地方公共団体その他公共団体の事務を管理し及びこれを執行する」（一四八条）と地方官官制と同様の「部内の行政事務の処理」権限を与えているのです[12]。

第二に、都道府県と知事の地位を強化したうえで、これを国家の監督によって担保しています。まず、(1)普通地方公共団体の長の権限に属する国の事務の処理については、「都道府県にあっては主務大臣、市町村にあっては都道府県知事及び主務大臣の指揮監督を受ける」(一五〇条)とし、また(2)「都道府県に関する事項は内務大臣、市町村に関する事項は第一次において都道府県知事、第二次において内務大臣の所轄とする」(二四六条)としています。従来の「監督」が「所轄」という言葉に変わっているものの、系列化されています。さらに「内務大臣は、都道府県知事が著しく不適任であると認めるときは、政令の定めるところにより、公聴会を開いて、これを解職することができる」とし、市町村長が著しく不適任であるときは都道府県知事が解職できるとしていたのです[13](二四六条)。

第三に、このように都道府県の性格を強化してゆくならば、市町村との性格の差異が明確化せざるをえなくなってきます。二月法案では「この法律において地方公共団体とは普通地方公共団体及び特別地方公共団体をいう」とあります。「普通地方公共団体は、都道府県及び市町村とする」(一条)とされ、「都道府県は市町村を包括する」

（四条）とされています。一方、特別地方公共団体は特別市、地方公共団体の組合、都の区、財産区とされています（一条）。上述のとおり、都道府県を強化したものの市町村の区別が明瞭になりすぎては不都合であり、そのため両者を「包括する」普通地方公共団体という概念が必要とされたのだと考えられます。しかしこの概念が、便宜上のものであることは明らかでした。それを象徴するのが東京都と特別区の関係です。東京都は普通地方公共団体であるのに、特別区は特別地方公共団体とされたのです(14)。

第四に、旧要綱で既に姿を見せていた協議会の制度を導入し、その設置に内務大臣(15)（府県・特別市以外のものは知事）の許可を要件とするほか、内相が政令により設置できることとし、さらに協議会に対し委任事務の処理権を認めるなどして、「連絡調整」を確保しようとしたのです。

最後に、三月新法案要綱の「地方自治法は、日本国憲法施行の日からこれを施行するものとすること」にも注目しておきましょう。地方自治法の成立を短時日の間に急いだ理由を考えると、その理由はおそらく、遅くも憲法施行の日に先だって地方自治法を成立させる必要があったからだと思われます。憲法九五条との関連です。内務省の同条解釈に立つと、新憲法施行後に地方自治法が成立すれば、一般法としての地方自治法全体の住民投票には及ばないとしても、都および特別区等に関する特定条文（例として、一五八条の都の組織、二八一～二八三条の特別区等）については住民投票の問題が発生する可能性があるのです。こうした事態の発生に対し封印を施すためには、地方自治法の施行を憲法施行以前にさせることが至上命令だったと考えられます。憲法と地方自治法施行日の「深いつながり」はここにあったのです。

このようにみれば、新法案（要綱）は、国政事務の府県委譲は断念したものの、内務省が、実質的に国政事務の府県での処理を確保するためにつくりあげた構想であったといえるのです。それは国の機関としての知事と府県組織の強化によって、内務大臣—知事—市町村長とを結ぶ一般的「所轄」権を系列化して、ほぼ官制体系に見合う構造を継承しようとするものでした。内務省はこうして新たな地方自治法案を決定しました。それは、各省庁からの抵抗に抗しつつも、なお国政事務の府県での処理を継続し、「内務省—府県システム」を維持し続けようとする姿勢のものだったのです。

民政局と第二次改革

さて、地方自治法制定過程での民政局の関与はどうだったのでしょうか。民政局は、憲法草案と内相声明案文の延長にある現状変革構想を、地方自治法の中で実現させようとしていました。

地方自治法案への修正要求

四六年九月に第一次の改革がなされたあと、民政局地方政府係は、「新憲法は権力を天皇と政府の手から人民の代表の手に移したように、農地改革が農地を地主から小作人の手に移したように、府県と市町村の権力は東京から任命された官僚の手から地方の市民から自由に選ばれた人物の手に移されるのだ」として、地方制度改革を、憲法改正と農地改革に匹敵する重要性を持つものと位置づけていました。

そこでは今次の改革を説明するとともに、さらに必要な改革として、①知事の身分転換、②内務大臣の権限削除、③司法的決定と弾劾制度の原則導入、④地方選挙の数の変更、⑤参事会制の改革、⑥執行機関と議会の関係改善、⑦ホームルール制の原則導入、⑧受刑者の権利回復、⑨境界変更、合併等への地方団体の権限拡大、⑩現行法規を新憲法の原則で総点検、⑪北海道、東京都、大都市等に関する法改正、をあげるとともに、警察、教育、財政制度の改正が地方自治実現のために必要であると指摘していたのです。

上の十一項目の大部分は、七月に民政局で用意した内相声明草案の項目と対応しますが、同声明案で最後におかれていた、内務省（大臣）に対する権限削除が二番目におかれていることが注目されます。内相声明では「中央官庁の監督権を徹底的に整備する」としていたのですが、民政局の側では依然として内務大臣の権限を削限することを考慮していたのです[16]。しかし、民政局側では日本側からの動きを待っていました。地方政府係は、第一次の法改正で具体化することとなった地方選挙、それとの関係で地方レベルへのパージの拡大、さらには隣組の問題などに注意を向けていたのです。

地方自治法案ができたところで、民政局からの要求が内務省に向けられます。要求の基本は先述の四六年九月の覚書を骨子としたものですが、「地方団体に対する内務大臣の一般監督権の規定を削除すること」のほか、原案執行の権限を裁判所に与えようとしたり、廃置分合、境界変更なども裁判所に行わせようとするなど、司法的決定手続を導入する項目をも含んでいました。

五十四項目にわたる民政局の修正意見の大筋は[17]、（1）地方団体の自主的決定の幅を拡大することです。特に境界・区域の変更の決定や、地方債は「健全財政の団体には必ず許可すること」などにその意図がみられます。これらは、(2)行政部による監督の排除、と裏腹の関係で、①長の議会・住民に対する権限の排除、②大臣の地方団体に対する権限の排除と結びついています。特に「地方団体に対する内務大臣の一般監督権の規定を削除すること」という修正意見は、内務省にとっては決定的な意味を持つものでした。行政部による監督・調整に代えて総司令部が考えるのは、(3)司法部による調整、であることはいうまでもなく、境界・区域の変更、原案執行、議会選挙への異議などは裁判所に行わせるように要求しています。さらに、(4)「法律」を中心とした規定の明確化、を要求しているのです。しかしこの中であげた「行政官庁法第七条の規定と照応して主務大臣の指揮監督を規定すること」との要求は、前述の一般的監督権削除に対する要求と合わせてみれば、問題を孕んだものでした。

これらの修正意見に対し、内務省は「地方制度の実情に照らし適当でない」という判断で、(4)の系列に関する六項目の要求を入れるだけであとは見送り[18]、新しい「法案要綱」と法案とを作成し、三月十一日に閣議決定にまでもちこんだのでした。

そのような経緯でこの要綱を基礎とした地方自治法案が作成され、三月十五日に政府は地方自治法案を提出しました。十七日、衆議院本会議で植原内相の提案説明と質疑応答。三月十八日、第一回の小委員会が始まり、二十・二十二日の第三・四回委員会で各党共同の三十七項目の修正案および附帯決議（五項目）を全会一致で可決、二十二日の本会議で委員会修正どおり可決しました。翌二十三日、地方自治法案は貴族院本会議に上程されます。同日から第一回特別委員会が開かれ、二十七日、第五回の特別委員会で二項目の修正案が提出され全会一致で可決。二十八日の貴族院本会議で修正案どおり可決。法案はただちに衆議院に送られ、衆議院本会議はこの回付案に同意しました。原案確定の難渋ぶりに比較して、審議期間は驚くほど短期間でした。

しかし、審議途中で総司令部からの修正意見が再度寄せられ、衆・貴両院で採択された修正案は、そのほとんどがこの総司令部からの修正意見を反映したものでした。審議途中で総司令部が寄せた意見の内容は、すべてこれまでに出されていたものです。つまり内務省が現状論を根拠に反対していた諸項目は、結局修正案としてとりこまれることとなったのです。両院での修正が内務省の原案に何を接ぎ木し、いかに変容させたのかを見ておきましょう。

衆議院での修正は三十九項目でした。まず国の監督について、二四六条の地方公共団体に対する内務大臣の一般的監督権を削除するほか、一四六条の内務大臣が知事を、知事が市町村長を解職する際には弾劾裁判所に訴追して、その判決により行うということとなりました。他方で、一五〇条の主務大臣の指揮監督権については「行政官庁法第七条の規定と照応して」規定することとなり、ほぼ従来どおりのものが継続することとなりました。行政官庁法は従来の各省官制通則を法律の形で引き継ぐもので「各大臣は主任の事務について、国の機関としての地方公共団体の長の法律に基いてなす行政事務に関しその長を指揮監督することができる。若し、国の機関としての地方公共団体の長の措置が成規に違い、又は権限を侵すものありと認めるときは、その措置を停止し、又は取消すことができる」となっていたのです。

この他にも、法律の運用の調整を司法部に委ねることに関しては、「違法越権の場合の原案執行、害公益の場合の原案執行の権限は裁判所に与えること」(一七六、一七七条)なども衆議院修正でとりこまれましたが、これは司法部による調整を導入するものとしてではなく、行政部による調整を補完するものとして接ぎ木されたにすぎないものでした。違法越権(一七六条)も、再議に付したのちは「議会を被告として裁判所に出訴できる」となったのです。

衆議院修正の中で「都道府県知事は、部内の行政事務に関係ある事項につき行政機関の長を指揮監督するものとすること」いう一五六条の修正と、二三五条の暫定予算の制度は、民政局の要求というよりは内務省からの要請での修正と思われます。

これらの修正に加えて、衆議院では次のような附帯決議を可決しています。(1)都道府県の区域を適当の整備統合すること、(2)中央行政官庁の出先機関は、原則として都道府県知事の下に移管すること、(3)警察法を速やかに立案して議会に提出すること、(4)五大都市を特別市として規定する法律を次の議会に提出すること、(5)公務員法を速やかに立案して次の議会に提出すること、です。

十一項目にわたった貴族院の修正でも、国による監督の条項が問題となりました。衆議院の修正によって内務大臣の一般的監督権を規定した二四六条は削除されたのですが、原案ではほぼこれに見合う条文を二五五条にも忍び込ませていたのです。貴族院の修正でこの二五五条も削除されると、地方自治法施行令(一六六条)に再現させますが、これに対しても総司令部の承認は得られず、遂に全く姿を変えた施行令(一八九条)となり、「内務大臣の地方公共団体に対する一般的権限は制度上完全に消滅した」という結果になるのです[19]。貴族院の議論では、一四六条の衆議院修正で弾劾裁判所に訴追するとされたことについて、裁判所の名称を改めるようにとの意見が出されましたが、修正は行われませんでした。この他、民政局が求めていた特別区の区長を公選することが貴族院の修正で行われています。

なお、法形式を一元化した中で、内務省が特例的に処理しようとした「町村総会」(九五条)が衆議院修正によって一般化し、また島地の特例(原案二五八条)が貴族院で削除されたことは、一元的法形式の産み出した皮肉な結末であったというべきでした。

地方自治法は、市制町村制が公布されて五十九年目にあたる四月十七日に公布されました。附則一条にあるとおり、「この法律は、日本国憲法施行の日から、これを施行する」ことができました。東京都制、道府県制、市制及び町村制は廃止(附則二条)され、その翌日、行政官庁法(昭和二十二年法律第六九号)が公布され「日本国憲法施行の日から」「施行後一年を限り、その効力を有する」として施行されました。そして五月三日の政令十六号によって地方官官制が廃止され、明治憲法下の地方団体法と地方官官制は、地方自治法に引き継がれたのです。

特別市制度の展開

最後に特別市の問題について触れておきます。特別市は特別地方公共団体とされています。人口五十万以上の市について法律で指定されることとなっており、概ね府県に準ずる扱いを与えようとするものでした。

地方自治法に特別市制度が導入されるに至った経緯は、戦前から続く五大市の特別市制の運動とつながっています。戦後この動きは復活して、特別市制実現を求めて総司令部へも働きかけを始めます。四六年二月には五大都市の連名で「大都市制度確立に関する要望」をまとめ、特別市制法案を用意するまでに至っていました[20]。民政局の憲法草案では、憲章制定権と特別法の住民投票の範囲を大都市と市、町に認める、という字句があったのですが、その後の民政局内の検討では特に大都市を区別して扱った形跡はみられません。他方、第一次制度改正での内務省の態度をみると、特別市制の実施については消極的でした。内務省の「答弁資料」は、「〔特別市制の〕問題は、今後地方行政の単位を何処に置くべきかといふ最も基本的な問題と直接関係のある問題であってこの面より問題を考へることが必要である。即ち（1）特別市の範囲をいかに定めるか、(2)特別市と残存郡部との関係をいかにするか等の基礎的部面の外復興計画、財政対策、食糧対策等の現実的部面があり、これらの関係を篤と考究した上その内容及び実施の時期を決定すべきであると考へるが、少なくとも今はその時期ではない」[21]としています。

ところが一転、四六年八月三十日の内相声明で「大都市の特殊性に即応する如き大都市制度を確立すること」を約束するに至ったのは、衆議院の附帯決議「五大都市に速やかに特別市制を実施すること」を受けてでした。呼応するように五大都市は、同年九月には「大都市制度要綱」を用意して、特別市制実現への動きを積極的に進めていました[22]。

地方制度調査会では第二部会が大都市制度を扱いました。ここでは五大都市を代表する委員が主導権をとって「大都市制度要綱」を説明して、早急に特別市制法を制定することを求めます。この案は、京都、大阪、横浜、神戸、名古屋の各市を府県の区域外におく特別市とし、権限、税、監督の面では府県に準ずる扱いを受け、それ以外は市制と同じ扱いを受けるという内容のものでした。一方、五大市を抱える府県の意見を代表したのは神奈川県知事の内山岩太郎委員でした。彼は、特別市が府県から独立することは残存地域との関係で問題が多いとして、強い反対を表明したものの少数意見でした。以後の第二部会は、なるべく早期に特別市制度の導入をはかろうとする大都市を代表する意見と、特別市制度をなるべく道府県制の準用というかたちで実現させようとする内務省、そしてその実現を阻もうとする府県側の意見の三つ巴が展開されたといえます。結局は、五大都市について「特別市として現在所属している府県から独立させること」、「特別市には、原則として道府県の制度を適用すること」、「特別市における国政事務の処理は、原則として、道府県に準ずること」を骨子とする調査会答申がまとまることとなりました。その結果、特別市の設定は、新たに府県を五つ創るのと同様の意味を持つこととなりました。

特別市制の答申に至る過程で注目すべき論点の一つは、特別市反対の立場から内山委員が提出した論点です。新憲法九五条の住民投票との関連の問題です。内山委員は特別市を設置する法律は憲法九五条に該当するとし、その住民投票には当該県民の一般投票を必要とするという主張でした。[23] 内務省はこの点について、特別市を作る法律は府県の境界変更なので一般投票にかける必要があるが、憲法施行前であればこの問題はないとして、直接に住民投票の範囲を明示はしない態度をとっていました。内務省の「答弁資料」では、住民投票の範囲について「府県民の一般投票は不要と考える」という立場でした。

こうした論議をふまえて、最終答申の作成過程で五大都市側は「実施の時期はなるべく速かならしむること」をつけ加えたのに対し、府県側は五大府県と五大都市が円満な協調をなしうるよう政府の善処を要望する附帯決議を加えるなどします。すなわち実質的な歩み寄りはみられなかったのです。地方自治法案要綱ができる直前、調査会の五大都市特別小委員会は特別市制に関する報告を行います。報告では、横浜市についてては反対が強いが他の四大都市には特別市制実現の可能性があるとし、衆議院の「五大都市を特別市として規定する法律を次の議会に提出すること」という附帯決議になったのです。地方自治法の施行が新憲法の施行と同時になったため、特別市指定の法律は憲法九五条の住民投票を不可避とすることになりました。

地方自治法は内務省の一般的監督権を削除してしまいましたが、依然、内務大臣の存在を前提とする法律でした。たとえば、都道府県の配置分合や境界変更をする際に財産処分で協議が整わない時には「内務大臣がこれを定める」（第六条）とあるのはその一例です。各省が府県に国政事務を行わせる仕組みも残りました。その限りで府県は国政事務の執行者としての役割は継承されたのです。「内務省―府県システム」は弱体しつつも存続していたのです。

注

（1）辻清明『新版　日本官僚制の研究』東京大学出版会、一九六九年、一一六―一一九頁。
（2）内務省地方局『改正地方制度資料　第一部』内務省、一九四七年、資料47。
（3）②項の「大都市制度」の問題は、一応衆議院の附帯決議の四「五大都市に速かに特別市制を実施すること」との関連を指摘できる。
（4）部会の構成は諮問第一と第二で一つ、第三、第四は一つずつで三部会構成となった。内事局『改正地方制度資料　第三部』、一九四八年、二一、三〇頁。
（5）前掲『改正地方制度資料　第三部』、八七、九五―九六頁。
（6）前掲『改正地方制度資料　第三部』、九六頁。
（7）前掲『改正地方制度資料　第三部』、九四頁。
（8）前掲『改正地方制度資料　第三部』、八七―八九、一一二、一四七、四一一―四一二頁。内務省はチャーター制には消極的ではあったが、それを採る場合、「余程親切にその当該の市について実体を調べ、そうして相当長い斯間をかけて調査し、立案を致すというような機構が別に拵えられなければ相成らぬのであります。これは民間と申しまするか、官の背景を離れました適当な機関等が、左様なことに当ってくれるのが望ましいのであります」としている（一一九頁にも同旨）。なお、鈴木俊一は、ホームルール・チャーターのようなことは「初めから考えていない」（内政史研究会「鈴木俊一氏談話記録第七回」「内政史研究資料」第二二五集、一九七七年、一三二頁）としているが、内務省の幹事がホームルール制に言及してその採用をも考慮に含めていることは、上記引用のとくに郡幹事の発言から明らかである。但し、これらの引用は、郡、金丸、小林各幹事の発言であり、鈴木幹事のものではない。

(9) 委譲すべき国政事務、廃止統合すべき特別地方行政機関を具体的に特定化するため第五回総会（十二月十一日）に国政事務処理特別小委員会が設けられ、この小委員会の答申は四七年二月十七日の第六回総会で承認された。

(10) 天川晃・田口一博『総務省自治大学校所蔵　戦後自治史関係資料集第1集　地方制度改革』丸善、二〇一一年、資料1202、1129。

(11) 二月八日の法案要綱及び法案は、前掲『総務省自治大学校所蔵　戦後自治史関係資料集第1集　地方制度改革』資料1151及び1121による。三月十一日の法案要綱及び法案は同、資料1135及び1225による。

(12) 「部内の行政事務」執行の根拠として、「府県知事等が公選されることとなっても、従来通り府県の機構によって国の行政を行なうことの必要に毫も変りないのみならず、逆にこれを分離して別箇の行政機関を設けて処理させることは……極めて不合理かつ不経済な結果に陥るものと考えるので、府県等の区域内における国政事務は、従来と同様、原則として府県知事等の権限に属せしめることとした」（「答弁資料」内務省『改正地方制度資料　第二部』一九四七年、三九八－三九九頁）。

(13) 二月法案では「主務大臣」となっていたものが、三月法案では「内務大臣」と変更されていた。

(14) 第一条の団体の分類につき、貴族院の審議で宮沢俊義議員が質問している。前掲『改正地方制度資料　第二部』二二八頁。

(15) 注13のとおり、二月法案では「主務大臣」となっていたのを三月法案では「内務大臣」に改めている。

(16) 自治大学校編『戦後自治史Ⅴ（地方自治法の制定）』一九六三年、一二三頁。

(17) 前掲『戦後自治史Ⅴ（地方自治法の制定）』。これらの要求がいつなされたかは不明である。本文中の（1）は、それの一、を示す。なお、地方制度調査会の審議について、GSは内務省に対しては、特に注文をしなかった模様である（同、一五〜一六頁）。

(18) 前掲『戦後自治史Ⅴ（地方自治法の制定）』一〇五頁。

(19) 前掲『戦後自治史Ⅴ（地方自治法の制定）』二六六―二六七頁の注九。

(20) 指定都市事務局『大都市制度史（資料編）Ⅰ』一九七五年、九八五―一〇〇五頁。

(21) 前掲『大都市制度史（資料編）Ⅰ』一一九二頁。

(22) 前掲『大都市制度史（資料編）Ⅰ』一〇四一―一〇一九頁。

(23) 前掲『改正地方制度資料　第三部』二四一、三四九頁。

◉第五章

内務省の解体

内務省の解体経過

本章では、内務省の解体の様子を追ってゆきます。最初にその経過の概要を『戦後自治史』に拠りながら見ておきたいと思います。

地方自治法が公布された直後の一九四七年四月三十日、「内務省の分権化に関する件」(1)という覚書が出されます。これは中央集権的統制の中心である内務省の改組を、六月一日以前に提出せよというものでした。これに対して政府は総司令部の真意を確認するとともに、対応を検討します。この間、総選挙で社会党が第一党になったために吉田内閣が退陣して社会党の片山内閣が誕生し、対応は少し遅れます。六月二十日に一つの案を閣議了解をしたのですが、それは内務省の単独改組案、すなわち内務省を民政省に変えるという案でした。しかし、民政局はこれには不満でした。そして行政調査部に案の提案を求めます。そこで行政調査部が中心となって、内務省の地方局を自治委員会、警保局を公安庁、国土局を建設院にするという、内務省を解体する案を作成し、これを六月二十七日に閣議了解をして民政局の了解を得ます。

七月に入って、内務省はこの解体案を基礎とした法案作りを開始します。当初の法律案に民政局が不満を表明したので、再検討して七月十五日に「地方自治委員会等に関する法律案」を作成。その後も何度も法案をめぐるやり取りがあり、内務省だけでなく法制局も関与しながら折衝を行い、八月七日になってようやく総司令部の承認が得られ、解体関係の三法案は八月九日に国会に提出されます。八月十二日に衆議院では決算委員会の他二委員会が合同で審査を行い、参議院でも予備審査を行います。

ところが、九月十三日のケーディスと日本側関係者との会談で、ケーディスから地方自治委員会そのものが不要になったので廃止するとの通告がありました。その直後の九月十六日には、警察改革を指示するマッカーサー書簡が出されます。こうした経過の後に九月二十九日、政府は解体関係三法案を撤回します。

十月に入ると新たな解体関係法案の準備が始まります。第一に内務省廃止関係の勅令の廃止法案、官制廃止に関する法令の整理法案、第二は国土局関係の建設院設置法案、第三は警保局関係、すなわちマッカーサー書簡に基づく、警察法案と消防組織法案及び最高法務庁設置法案です。そして第四に、地方局の解体法案ともいうべき地方財政委員会法案、全国選挙管理委員会法案です。これらの法案が十一月から十二月にかけて国会に提出されて次々と成立し、内務省は四七年末に解体されることになったのです。なお、法律の施行日との関係で地方局の選挙と財政以外の事務の行方が決まらなかったため、内務省は暫定的に内事局を設置することとし、総司令部の承認を得て内事局令を制定、四八年一月一日から施行されました。これが一連の経緯です。

警察制度改革の経緯

内務省の解体問題は、後述するように、総司令部内部の、警察の分権化をめぐる問題が関係しています。ここで簡単に警察制度改革問題の背景も見ておきましょう。

G-2公安課の改革案

総司令部で警察問題を扱っていたのは、参謀第二部（G－2）の民間諜報局（Civil

	主な出来事	内務省関連	自治制度改革、司法改革(◉印)
1946(昭和21)年後半			
5月22日	**吉田茂内閣組閣**	大村清一内相、飯沼一省次官	
5月29日			ハッシー「ティルトン覚書批判」
6月9日			◉ヴァレンタイン報告発表
6月10日			ヘイズ・コールグロウブ「長野・山梨県調査報告」
6月15日			エスマン「地方制度改革の論点整理」
6月20日	憲法改正案を帝国議会に提出		ティルトン「内務省、法案提出を希望」
7月1日			GS、地方制度改革に関する会議
7月4日		地方制度改正法案、衆議院本会議に上程	
7月11日	臨時法制調査会第1回総会		ピーク他「憲法草案の日本文と英文の相違」
7月19日			マキ「内務省に対する勧告」
7月20日	長濱政壽『知事公選の諸問題』		
7月22日		「地方自治制度改正に関する件」	
7月26日			ティルトン「第二次改革に関する内相声明案」
7月31日			◉オランダー報告発表
8月30日		地方制度改革法案、衆議院委員会で修正可決。大村内相、第二次改革の声明	
9月2日		大村内相、ホイットニーを訪問	
9月20日	マッカーサー、地方制度改革に関する声明	地方制度改革法案、貴族院本会議で可決	
9月30日			グラジャンジェフ「地方制度改革」
10月24日		地方制度調査会第1回総会	
10月26日	臨時法制調査会答申		
11月3日	**日本国憲法公布**		
11月9日			◉警察制度審議会第1回総会
12月23日			◉警察制度審議会答申
12月25日		地方制度調査会答申	

年表5 (235、237、239ページに続く)

Intelligence Section: CIS）の公安課（Public Safety Division: PSD）でした。公安課は日本の警察問題に対処するために、米国から調査団を招いて制度改革案を提案してもらいます。四六年三月に来日した元ニューヨーク市警察局長のヴァレンタインを長とする視察団と、ミシガン州警察部長のオランダーを長とする視察団です。六月九日に出されたヴァレンタイン報告では、人口五万人以上の都市に警察を置くという提案をしており、七月三十一日に出されたオランダー報告では、都市警察とは別に近代的な国家警察を置くべきことが提案されていました。

一方、内務省警保局は、これらを参考にしながら警察の分権化を進めようとはします。四七年一月の段階の警察制度改革の改革案では、警察事務は道府県と大都市に限定することとし、国家警察も残すことを考えていました。警保局は総司令部公安課と連絡を取りながら立案を進めていたのですが、人口五万人以上の都市警察を考えている公安課とは意見の差異もありました。当初、警保局では新憲法の施行以前に警察制度の改革を終えたいと考えていたのですが、公安課との意見調整もできず、二・一ストの動きがあるなどの社会情勢不安もあり、警察行政は当面は現状のまま道府県の区域とし、警察事務は公選知事に委任することとする経過措置をとることを決定。この

1947（昭和22年）			
1月7日		閣議で「地方自治法案要綱」の説明	
1月8日		臨時閣議で国費・地方費の負担区分問題で内務省と大蔵省対立、大蔵省案が通る	
1月31日	**吉田内閣改造**	植原悦二郎内相、斎藤昇次官	
2月1日	**2・1スト中止**		
2月8日		地方自治法案草案（220条）を完成	
2月10日			CS、公安課に警察再編計画の提出を要請
2月14日			◉警保局「警察法要綱」
2月17日		地方制度調査会「特別市制に関する件」「地方制度改革に伴う地方における国政事務の処理に関する件」	◉公安課「日本警察の再編計画及び増員」
2月22日			◉警察制度審議会への追加諮問及び答申
2月28日			◉「日本警察改革及び増員並びにその暫定措置に関する件」 ◉CS、GSへ回答
4月5日		第1回知事、市区町村長選挙	
4月12日			スウォープ「公安課の警察改革案」
4月17日		地方自治法公布	
4月20日	**第1回参議院議員選挙**		
4月25日	**第23回総選挙。社会党第1党**		ティルトン「日本警察改革案」
4月30日		統一地方選挙。都道府県会、市区町村議会議員選挙	「内務省分権化」の覚書
5月1日	終連山田政治部長、ケーディス会見	内務大臣談話	
5月3日	**日本国憲法施行**	地方自治法施行	
5月5日		斎藤次官、スウォープ会見	
5月13日		斎藤次官、ケーディス会見	
5月19日	行政調査部、内務省に民政省案・総務省案を提示		
5月20日		「分権化」に対して採るべき措置	
5月23日		「分権化」に対する内務省意見	
5月26日		行政調査部に公共省案を提示	
5月27日	宮沢機構部長、ケーディス会見		

旨を二月二十八日付けで総司令部宛に覚書を送り、三万人の国家警察と八地区の警察本部を置き、警察官の総数十二万五千人とする許可を得ようとしたのです。この案は警保局がG－2と連絡を取りつつ作った案だったと思われます。

民政局と公安課

憲法施行以前に警察制度の改革を終えたいと考えていたのは、民政局も同様でした。二月十日、民政局はG－2公安課に対して警察制度改革案の照会を行っています。これは地方自治法を含めて、新憲法関連の新しい法律制定に、警察制度をいかなるものと想定するかという問題が関係していたからでした。これに対してG－2から回答が寄せられたのは三月四日です。G－2の回答は、警察の分権化は行うものの急激な分権化は治安上望ましくない、という考えに立つものでした。そして日本の警察全体を十二万五千人に増員したうえで、三万人の統一的な国家警察を必要とするというものでした。日本政府が二月二十八日に提出していた警察の漸進的分権化案を支持し、二段階で分権化を進めるものだったのです。

民政局の関係者はG－2参謀二部公安課の警察分権化案に批判的でした。四月に

6月1日	**片山哲内閣組閣**		
6月9日		木村小左衛門内相、	
6月13日	宮沢機構部長、ケーディス会見	鈴木幹雄次官	
6月14日	前田総務部長、スウォープ会見		
6月20日		内務省単独改組案を	
6月21日		閣議了解	ケーディス、滝川・前田・林会談
6月27日	プリアム、調査部に内務省解体	内務省解体案を閣議	
6月28日	案の説明を求む	了解	ケーディス「内務省解体の閣議
			決定」
6月30日			スウォープ「内務省解体」
7月1日			「司法過程と警察力」覚書
7月4日		内務省官制の廃止等	
7月7日		に関する法律案	ケーディス、リードら司法大臣と
			会見
7月10日			◉プリアム、GS覚書の存在を知
7月12日	ケーディス、佐藤長官と会見。		る
7月15日	廃止法律案に不満	地方自治委員会等に	
7月29日		関する法律案	鈴木司法相、GSに司法制度改
			革案を提出
7月31日		スウォープ、総司令部	◉プリアム、国会内閣委員会の
		修正案を提示	3委員と接触
8月1日		日本側再修正案	
8月5日			ホイットニー、G-2に司法制度改
			革案に同意を求める
8月8日			◉プリアム、司法・警察委員会の
8月9日		内務省解体関連3法	閣僚と会見。G-2、司法制度改
		案を国会に提出	革案に拒否回答
8月11日			◉プリアム、木村司法相と会見
8月18日	マッカーサー、ホイットニー会		ホイットニー、プリアムに電話
	談?		
8月23日	曾禰官房副長官、プリアムに電		
	話しPSD案を要求		
8月26日	鈴木司法相、司法制度改革修		◉鈴木司法相、司法制度改革修
	正案を提出		正案を提出
8月31日	マッカーサー、ウイロビー会談		
9月2日			ウイロビー、警察問題の決着の
9月3日	片山首相、マッカーサー宛書簡		提案
9月4日			ホイットニー、ウイロビー宛書簡、
			◉プリアム「鈴木案の展開」
9月5日	マッカーサー、ホイットニー、ウイ	地方自治委員会令案	◉ウイロビー、ホイットニー宛C/N
9月7日	ロビー会談		◉プリアム「9月5日の会議記録」
9月8日			GS→G2、C/N、返書案、曾禰官
			房次長、ケーディスを訪問
9月11日		ケーディス、地方自治	◉G2→GS、C/N、返書案
9月12日		委員会委員を3名	GS+G2で返書についての会議
		から5名に要求	

入って中央政府課長のスウォープは、現在の中央集権化した警察を温存するものであると批判し、ティルトンは一四ページに及ぶ長大な覚書で、公安課の分権化案は不徹底なものであると批判しています。警察の非国家化が必要だとの認識は、民政局の共通認識だったようです。

以上が、警察制度改革の経緯の背景です。内務省分権化はこの警察改革と絡まりながら進められたのです。以下では、この改革過程でのいくつかの論点を取り上げて、お話をしてゆきたいと思います。

内務省分権化の覚書

四七年四月三十日、本章冒頭で触れたように、総司令部民政局長ホイットニー名で「内務省の分権化」に関する覚書が、終戦連絡事務局に指示されました。内務省は中央集権的統制の中心点であるので、同省の改組案を六月一日以前に提出するように要請する、という内容のものでした。そして、分権化と地方自治の政策を実行するために、この改組案には、(1)内務省の機能を、中央政府の内部的事務に不可欠なことが証明できるものに限定する、(2)内務省のすべての局の事務で、地方政府で一般の福

9月13日		ケーディス、地方自治委員会の廃止を要求	「民政局と内務省関係者との会談記録」、リゾー「日本警察制度の再編(9月12日の会議)」
9月16日	ウイロビー＋ホイットニー→マッカーサーC/N		リゾー「日本警察制度の再編案(9月15日の会議)」
9月17日	マッカーサー、片山宛書簡伝達		
9月29日		内務省解体関連3法案を撤回	
10月13日		坂東幸太郎案「地方委員会法案」	
11月10日	警察法案、閣議決定		
11月14日	建設院設置法案、閣議決定。法務庁設置法案、閣議決定	内務省及び内務省の機構に関する勅令等を廃止する法律案、閣議決定。地方財政委員会法案、閣議決定	
11月18日		内務省官制等廃止に伴う法令の整理に関する法律案、閣議決定	
11月19日	最高法務庁設置法案、閣議決定		
11月23日		全国選挙管理委員会法案	
11月25日	消防組織法案、閣議決定		
12月1日	建設院設置法案、閣議決定		

祉に適い遂行できるものはすべて廃止する、(3) 中央政府の他の省や機関に関連する事務はこれら関係省や機関に移管する、こうした内容を盛ることを求めていたのです。

民政局はなぜ内務省分権化案提出を求めたのか

民政局の内部資料を検討しても、なぜこの時点で、この覚書が出されたのかを直接に示す資料はありません。また誰が、起草したのかもよくわかりません。しかし、いくつかの背景を考えることはできます。

第一に内務省が中央集権の中心であり、分権化を進めるためには内務省からの自治体に対する統制をなくすべきだとする考え方は、民政局で共有されていました。知事の直接公選制を採用したのはそのためであり、後の内相声明案でも内務省の指揮監督を取り除くことを求めていました。そして地方自治法の制定過程でも、内務省の一般的監督権の条項を削除するなど、内務省の自治体に対する統制を排除する方針は一貫しています。

第二に、地方自治法制定過程での折衝を通じて、民政局では内務官僚や内務大臣の言動に不信感を募らせていたことがあげられます。[2] 地方自治法で新設された地方公共団体の協議会の条文で、民政局が審査した原案では「主任の大臣」だったのに、最終的には「内務大臣」という条文になっていたことに対する内務省への不信感です。地方公共団体の協議会は廃止した地方総監府を再建するようなものであり、認められることはできないと民政局はしていました。さらに植原悦二郎内務大臣に対する不信感もありました。大村内相時代の後半には内務省とSCAPの協力関係ができていたのに、植原内相は抵抗をするし、政党法や衆議院議員選挙法改正で妨害をするまでに至っている。要するに、植原内相は閣僚としてふさわしくない、との評価を民政局は下していたのです。

これまで、省庁の再編は日本の内部問題なので日本政府に任せるという基本的態度をとっていた民政局が、積極的に内務省の再編問題に取り組んだのは、第三に警察制度の分権化との関連が考えられます。この「分権化」の覚書が終戦連絡事務局に宛てた正式な覚書の形式をとっていることも、終連経由で出された警察改革への要請に対する対応と考えられるからです。民政局は、警察改革をめぐる公安課との対立との関連でこの再編を提起した、とみることができるのです。

民政局の関心

それでは、警察問題を所管するわけでもない民政局が、なぜ警察の分権化問題にこれほど強い関心を持ったのでしょうか。その一つの背景に、日本の警察に対する認識と関連があると思われます。これに関して、前にも少し触れたジョン・マキは、内務省について五つの調査報告書をまとめた上で「内務省に関する勧告」（四六年七月十九日）を行っています。[3] マキは勧告で「かつて内務省が果たしてきた非常に重要な政治的・警察的機能を考えれば、内務省の再編について詳しい監視を維持すべきであり、その構造の基本的変革が必要で、その機能の多くは中央政府から取り除くべきである」としていました。マキは、内務省の再編は単に日本政府が扱う内部行政組織の変革というだけでなく、占領の政治的目的を達成できるかどうかの根本問題だとしており、地方行政の分権化と日本の警察の非国家化（de-nationalization）が実行されるなら、日本にかつてのような内務省は必要なくなるだろうとしていたのです。そして、日本の心理的・政治的非武装化のためには、内務省から以前の権限を取り除き、中央政府の他の機関には配属させないことが至上命令である、という政策を勧告したのです。

これに加えてもう一つ考えられる背景は、この年の二月にマッカーサーが講和の提唱をしていることです。四七年二月にマッカーサーは突然、講和の時期は近づいたと発言します。講和をお土産にしてアメリカに凱旋して、四八年の大統領選挙に出馬することを考えていたのかもしれません。民政局では日本でいろいろと改革をしたけれども警察改革が終わっていない。これを仕上げないと講和につながらない、と彼は考えていたと思われるのです。警察改革をめぐる民政局の動きには、連合国の目を意識した表現がよく見られます。ここではマッカーサーの講和の提唱も、民政局の動きの背景の一つとして考えておくこととします。

最後に、ケーディスが自分の女性関係を暴こうとする警察に付け回されており、これに対する恨みがあったという話があります。そんなこともあったかもしれませんがそれだけで動いていたのかどうか、これはわかりません。

その後の内務省分権化から解体への過程は、これまでの地方制度改革のように、民政局と内務省の対抗関係という観点だけで見てゆくだけでは十分ではありません。先述のように総司令部内部の、民政局とG-2公安課の警察制度改革をめぐる対抗関係があります。そこでの争点は警察制度の分権化のあり方です。それだけではなく、内務省自体でも、地方局と警保局、国土局では異なる動きをしています。さらに政府の内部でも、公務員制度を扱う行政調査部や司法制度を扱う司法省、法律の立案に当たる法制局なども関連をしてきます。このように日本側でも総司令部側でも、多元的なアクターが絡まりあって、内務省の解体が進められていったのです。

内務省単独改組案から解体案へ

分権化の覚書を受け取った内務省は、省の分権化案の検討を開始します。対応の中心となったのは地方局でした。当時の内務省には、地方局のほかに警保局、国土局、調査局がありました。警保局は、総司令部での主たる相手をG－2の公安課としていたため、地方局とは別の動きをとっていました。国土局は土木関係者を中心として、公共事業省に独立・再編する計画と陳情を行っていました。また調査局は、連合国の特殊物件調査や追放関係者の調査などを行うために設置されたもので、暫定的な人員増が必要だとされていました。

内務省では情報を集め、総司令部民政局の真意を確認しようとします。まず、終連の山田政治部長がケーディスに会ったときに、「徹底的な改組案」として、たとえば「地方局の廃止、財務関係事項の大蔵省への移管、土木関係は他の省へ移管、警察関係は独立の機構を作るか司法省に移すか」などの話をしたことを受けて、斎藤昇次官が担当のスウォープと会見します。会見では、先の話は地方自治の発達のために内務省だけでなく政府全体を分権化する必要があるという趣旨であり、ケーディスに確認したところでも、内務省の解体を考えていたわけではないとの回答を引き出しました。

内務省ではこれらの情報を基にして、覚書の趣旨は地方自治強化の趣旨に合わない各省にわたる機構は改正することにあり、内務省の解体は考えていないと判断します。そして、地方自治法制定時に考えていて実現しなかった地方特別官庁の整理と、中央各省の権限の自治体への委譲が必要だ、とする案を考えていたのです。

あるかもしれない未発掘資料

余談ですが、これらの内務省と民政局との会談記録は『戦後自治史』に収められた日本側の外務省の資料に拠っています。以前にお話ししたように、内務省と民政局の折衝には終戦連絡事務局の担当者が同伴しており、そこで作られた記録です。ところが不思議なことに、外務省が外交記録を公開した際には、これらの内務省関係の記録は公開されていませんでした。今は公開されているのかもしれませんが、『戦後自治史』に紹介されていない内務省関係の資料が、まだ外務省にあるのかもしれません。今後この問題に取り組む人は、さらに外務省資料の精査をしていただきたいものです。

行政調査部の果たした役割

当時、行政機構の改革問題をより広い角度から検討していたのは、四六年十月に新設された行政調査部でした。行政調査部は公務員制度や行政機構を扱うこととなっており、機構部では宮沢俊義部長の下で、さまざまな機構改革案を検討していました。民政局は、四七年五月二十七日の行政調査部との会見で、内務省から出てくる警保局改革案はリップサービスだけで一向に分権化されていないとして、調査部に、警察関係を含めて研究をしてもらいたいと要請したのです。この会見で宮沢は、地方局については Local Government Commission のようなものも考えられるのではないか、という私案を出したりしていました。

六月一日に片山内閣が発足します。木村小佐衛門内相と鈴木幹雄次官が就任しますが、鈴木の経歴が警察幹部だったため、民政局は会見を拒んでいました。六月十三日に宮沢がケーディスと会見しています。宮沢が地方局の地方財政に関する権限を大蔵省に移管すると、地方局の機能はほとんどなくなり、総理庁とか他の省に移すことができるとしたところ、ケーディスは地方局は必要ない存在だとこれに賛同しました。一方、警察について宮沢は、総理庁に移すか独立の省とするかの方向があるとしますが、ケーディスは分権化の必要性を強調していました。その翌日、スウォープは前田部長に対して、内務省の機構改革案を六月二十日までに提出するように求めたのです。

これを受けて、行政調査部は内務省と協議をして、六月二十日に「内務省の機構改革に関する件」の閣議了解します。これは、内務省の名称を民政省と改めて官房の三局(総務・土木・調査)一部(特殊物件部)とし、外局として公安庁を置くという案でした。地方局が総務局、国土局が土木局、警保局が公安庁になるというものです。閣議でこの案は微温的であるとの意見もありましたが、「一応の案」として司令部と折衝することを了解したのです。

ところが、翌二十一日、ケーディスは関係者を呼び出して、内務省が閣議決定前に情報漏洩をしたと難詰します。そして報道された案はこれまで行政調査部と話し合っていた案と異なる、としてより大規模な改革案の提出を求めたのです。その後、二十三日から二十五日にかけて民政局関係者は、行政調査部の前田部長と一緒になって、自らの求める改革案作成に関与したのです。こうしてできた改組案は、内務省を省としては解体して、地方局を地方自治委員会、警保局と調査局を公安庁、国土局を建設院として総理庁の外局に設置する、というものでした。そしてこの案では、地方財政は大蔵省に移管することとなっていました。

内務省の生き残り策

このような情勢の下、内務省は六月末に省の解体が決まる前後から「地方自治の充実、発展を図ることを任務とする一局を必要とする」という主張を行っていました。それによると、（1）地方自治の円滑な運営とその発展のための政府の部局が必要である。この部局は、地方自治制度の制定改廃に必要な調査・企画・監督・調整を行う必要がある。（2）地方財政の所管者は地方自治制度の所管者と同一とすべきである。これを大蔵省に移せば、地方自治制度と地方財政制度の調和が阻害されるだけでなく、国家財政本位となってしまう。（3）中央各官庁の自治体に対する指揮監督を自主的・総合的・能率的に行うために連絡・調整する部局が中央政府において必要である。それは地方自治制度の所管者が行うべきである。（4）地方局の機能は、第一線の府県又は市町村の行政を行う者の側に立って閣議で発言し得る専任の大臣が必要である。このためこれを内閣に移すことは適当でない、というものでした。

さらに内務省が解体され、地方財政の所管が大蔵省に移されそうになると、「内務省において地方財政に関する事項を所管せねばならぬ理由」を作成して、地方財政制度と地方自治制度は表裏一体にあり、連携を取りながら行う必要がある、と主張していたのです。(4) これらが功を奏したのか、その後、地方財政の所管は日本政府の決定に委ねる旨の連絡があり、地方財政の大蔵省移管は取りやめて、この案が六月二十七日の閣議で決定されたのです。

警察改革と司法改革の展開

民政局と内務省、行政調査部との間で内務省の分権化問題の折衝が行われているうちは、警察改革問題で大きな動きはありませんでした。しかし六月二十七日に内務省の解体の閣議了解がなされると、G-2公安課は行政調査部に対して、その経緯の説明を求めてきました。

民政局の司法改革への働きかけ

一方、民政局は対象を司法省に転換して、警察、検察制度の改革案の提出を求めます。七月一日付けで、ホイットニー民政局長から内閣官房長官宛に「司法過程と警察力計画」と題する覚書が出されたのです。この覚書は、新憲法に沿った裁判所法や検察庁法はできたが、司法行政組織の再編は未だ不十分であるとしています。そして司法省の内部組織、内閣の他の部局との関係、地方の警察組織との関係などの改革案を、九月一日以前に提出することを求めたのです。民政局が警察改革を狙っていることは、ここでも明らかになります。この覚書の作成を主導したのはケーディス次長で、以後の司法省改革案に深く関わったのは、内務省改組計画を手がけてきたR・リードでした。リードはノースウェスタン大学の卒業生で、同大学のコウルグロウブ教授から推薦を受けて、四六年から民政局入りした人物です。

七月七日、ケーディス、リード、オプラーらは鈴木義男司法相と会談し、民政局が求める司法と警察制度の概要を示します。このときケーディスは、選挙で選ばれた地方の首長が法の執行の責任を負うべきだとし「警察の分権化は完全・最終的・即時のものでなければならない」と強調しました。そして「世界の世論も日本の警察の即時かつ抜本的な改革を求めている」と警察改革と世界の世論との関連を述べたのです。[5]

司法相案とその後の動き

一方G－2公安課の動きをみておきましょう。七月七日にG－2公安課は、三月初めに提案したのとほぼ同様の警察の二段階改革案を提示し、関係各局の同意を求めてきました。民政局はこれに対して七月十七日に、即時かつ完全な分権化が必要であるという強い反論を行います。その後七月二十九日には鈴木司法相から、内閣司法警察委員会議長の名前で司法制度改革案の概要が提出されましたが、この司法相案は基本的に七月七日にリードたちが示した改革案に沿ったものでした。警察は分権化することとし、府県と六大都市では行政警察と司法警察を区別し、行政警察は市町村に委任することとする。そして国家機関としては、司法省の下に公安庁を設置して警察官の訓練や指紋調査などの技術的施設、科学的犯罪研究所、警察官に対する監査などを行う、というものでした。ちなみにこれに対する民政局のスタッフの意見は、必ずしも一致したものではありませんでした。たとえばティルトンは、公安庁を司法省の下に置くことと、六大都市に警察権を与えることには反対でした。[6]

八月五日、ホイットニー局長はG－2に対して、司法相案は最高司令官の分権化政策に合致するとして承認することに同意を求めます。これに対してG－2は八月八日に拒否回答をしました。まず、民政局が総司令部内の権限配分を無視して、一方的に日本の警察問題を扱ったことを非難し、さらに司法相案については何も知らなかったが、その内容では従来から警察専門家が考慮してきたものとは異なり国家警察がなくなる、それゆえ民政局から司法相宛に承認する書簡は出さないように、と求めたのです。公安課のプリアム課長はさっそく関係閣僚と鈴木司法相を詰問して、司法相案は民政局の示唆を受けた鈴木の私案であって政府の意見ではないとの言質をとり、さらに警察改革を所管するのは公安課だと強調して、PSD案を基礎とした警察改革案を用意したらまず公安課に提出するように求めたのです。[7]

ホイットニーが、警察改革問題についての決着を急ぐべくプリアムに圧力をかけようとする一方、遅れをとったG－2のウイロビー局長は公安課に案の作成を急ぐように督励します。公安課が内閣の関係閣僚に対して圧力をかけた結果でしょうが、鈴木司法相は八月二十六日に、先に提出した改革案の修正案を提出します。この案では「警察を急激に全面的に地方分権化することはわが国の安全のために適当でないと考える」とし、人口二十万人以上の都市に市警察を置き、それ以外は国家警察が担当するとして、国家警察は全国を十地区に分けて管轄するとしました。国家警察と市警察は相互共助関係を基本とし、警察の中央本部は内閣に直属する公安庁に置くとしています。公安課はこの案に対していくつかの修正を求めつつも、基本的に満足できるものと評価していたのです。

九月二日、G-2のウイロビー局長は両局の間で警察改革案の決着を図るべく、民政局長宛に、提案を行います。この提案でウイロビーは八月三十一日にマッカーサーと会談し、彼が基本的には公安課の計画に同調していることを伝えました。マッカーサーの考えは、(1)警察力十二万五千人は少なすぎる、(2)日本には軍隊がないので国家警察は必須である、(3)国家警察と自治体警察の比は一対四か一対三くらいだ、と伝えたのです。これに対してホイットニーは、公安課のプリアムが警察改革案について閣僚に圧力をかけ続けてきた、と非難するメモを、九月四日にウイロビー宛に送っています。これに対してウイロビーは、警察問題を所管するのは民間諜報局公安課であり、公安課のプリアムが日本の関係者と協議し助言を与えたりして改革案を練るのは何の問題もない、との返答を送ったのです。

片山書簡からマッカーサー書簡へ

この間、九月三日付けで片山首相からマッカーサー宛の書簡が出されています。片山は内閣の中で二つの対立する意見があるとした上で、両者の間をとって国家警察と自治体警察を併存させる案を作成し、マッカーサーの意見を求めたのです。政府内の二つの意見とは、取りも直さず総司令部内部の二つの意見を反映するものでした(8)。

総司令部内での調整

九月五日にマッカーサー、ホイットニー、ウイロビーら最高首脳によって、警察問題をめぐる会議が行われました。公安課の記録によると、マッカーサーは両局が調整して片山首相への返書を用意することを求めたのですが、基本的に公安課の説明を受け入れていたようです。一方、民政局はマッカーサー返書の原案を作成して九月八日にG-2に送りますが、これに対して十一日にG-2が対案を提案します。翌十二日に、マッカーサーの求める返書について、民政局とG-2の調整のための会談が開かれますが、ここではホイットニーが主導して、警察の即時分権化がマッカーサーの意向であると紹介して公安課を困惑させるのですが、即時分権化をすれば三万人の国家警察を受け入れるとの態度も示します。そして国家警察の長を三人ないし五人の委員会の下に置くことで妥協が図られます。続いて九月十五日にも両局の会談がもたれました。公安課は、五万人以上の都市についての即時分権化は受け入れるとしますが、両局の意見は完全に一致したわけではなかったのです。[9]

ともあれ、このような経過の後に九月十六日、ウイロビーとホイットニーが連名で、片山首相に対する書簡案をマッカーサーに送付します。そこでの原則は、(1)九十日以内に全市町に警察力を分権化する、(2)農村部の治安維持のために国家警察を置く、(3)警察力は十二万五千人とし国家警察には三万人とする、(4)首相が国会の同意を得て任命する民間人五人の委員会を設置し、この委員会が国家警察の長を任命する、(5)各県にも同様の委員会を設置して県内の国家警察を管理する、(6)国家警察と自治体警察の間には指揮命令関係はなく相互援助を行う、というものでした。[10]

警察制度改革に関するマッカーサー書簡

マッカーサーの書簡は九月十七日に日本側に伝達されました。日本国内でこの書簡が公表されたのは一カ月後の十月十日のことでした。ともあれ、このマッカーサー書簡が基本となって、国家警察の解体と自治体警察の創設が行われたのです。

これまでみた通り、警察制度の分権化をめぐって民政局はG－2公安課と鋭く対立しました。具体的には、日本国内の治安維持のために必要な警察力の程度と編成と、警察の分権化を即時するのか漸進的にするのかをめぐる対立です。なぜ民政局がこれほど警察の分権化にこだわったのでしょうか。民政局は警察の分権化を実行することによって、占領政策を完了させ、講和につなげることを考えていたように私には思われます。内務省との折衝の中でも、「世界の輿論が日本を警察国家と考えている間は講和条約も締結されぬであろう」とか「最高司令官はたとえ新憲法が発布されても日本に反民主主義の道具となるような中央政権政府をその儘にしていては日本を去ることができない」などと、講和との関連をうかがわせる発言をしています。また、九月にケーディスは「Peace Treaty迄に解決せねばならぬ問題が二つある。police reorganizationとdeconcentrationなり」と発言しています。(11)

マッカーサーの腹心であるホイットニーの率いる民政局では、警察の分権化改革を達成することで占領政策の課題が達成されたとして、講和条約の締結に結びつけようとしていたのではないかと考えられるのです。

地方自治委員会の新設

四七年六月二十七日の内務省解体の閣議了解以後、民政局は司法省改革と絡めつつ、警察改革問題に力を注ぎ始めます。そして一方の内務省と法制局では、閣議了解に基づいた新機構を作るための法案の準備を始めていました。

まず、七月四日に「内務省官制の廃止等に関する法律案」というものができます。これは第一条で内務省官制や戦災復興院官制を廃止するとし、第二条で自治委員会、第三条で公安庁、第四条で建設院を設置しそこでの所掌事務を列記、第五条で自治委員会事務局や公安庁、建設院の機関や職員について規定する、というものでした。ところが、七月十二日にケーディスは佐藤法制局長官を呼び出して、この法律案はこれまでの了解の趣旨と全然違うと不満を表明します。対して佐藤は、内務省の廃止と新機関の組織は別個の法律とする、として了承を求めました。

政府は第一条を「内務省官制等を廃止する法律案」、第二条以下を「地方自治委員会に関する法律案」とする修正案を七月十八日に提出します。これに対して三十一日に、スウォープから内務省を廃止することを明確にすべきだとか、施行期日を十月一日にするなどの期限をつけること、といった修正要求が出されます。それに対応した修正案を提出して何度かやりとりがあった後、八月七日になって最終的に承認されました。

法案の審議とケーディスの通告

八月九日、政府は内務省解体関係の三法案を衆議院に提出します。ここでは新設の機構は「地方自治委員会、公安庁及び建設院設置法案」となっていました。ここで提案されている地方自治委員会は、地方行政と地方財政に関する調査や資料収集・制度の企画・立案を扱うこととなっており、国務大臣と地方公共団体の長が選出した者、国会が推薦した者の三名によって構成されることになっています。八月十五日に内務大臣がこれらの法案の提案理由を説明して、審議入りしました。

ところが九月十一日、ケーディス次長は、地方自治委員会の委員を三人から五人に増やすように要請するとともに、地方自治委員会令の提出を求めました。そして内務省側が地方自治委員会令案を提出した翌日の十三日、内務省地方局と法制局の代表を呼び出して、先に承認を与えていた地方自治委員会の設置を認めない旨の通告を行いました。委員会の政令案を検討してみると、当初の合意とは異なって委員会が大きな権限を持っているから、というのがその理由でした。

この日の会議に関する民政局側の記録があります。これによると、日本側関係者から、地方自治委員会を廃止するとして地方自治政策を誰が考えるのかと問いかけますが、ケーディスは府県や市町村が考えればよいと答えます。そして次のように、彼の考える「地方自治」についての話をしたのです。

「中央政府の多くの人間がしているような間違いを諸君もしているのだ。諸君は中央政府が頭脳を独占していると考えているようだが、政府は頭脳を独占していない。諸君は中央政府が市町村や府県にとって最善なことを知っていると考えており、とっくに無くしておくべき旧い官尊民卑の考えを持っている……ここにいる諸君が日本のために最善と考えることのために誠心誠意働いていることを疑うものは誰もいない。諸君が自分の私利のためでなく国民のために良かれと思うことのために働いていることもわかっている。しかし、そうした考えこそが占領の哲学と一八〇度違っているのである(12)」。

このくだりを読むと、私は、マックス・ウェーバーが『職業としての政治』の中であげていたアメリカの労働者の言葉を思い出します。

「自分たちであんなに公然と軽蔑している政治家たちに、どうしてあなた方は統治されているのか。アメリカの労働者にこう尋ねると、十五年前までは、次のような答えが返ってきた。『あんた方のお国のように、こっちをなめてかかったお偉い官員さまよりも、こっちでなめてかかれる連中を役人衆にしとく方がこっちも気が楽なのさ』。これがかつてのアメリカの『民主主義』の立場であった」という文章です。ウェーバーは「しかしもうこの状態ではどうにもならなくなっている」としています。

内務省の弁明

さて、ケーディスの通告に対して内務省では、地方自治委員会とその事務局が必要であるという趣旨の弁明書を作成しています。その骨子となる考え方は、わが国の行政組織では中央政府と地方自治体との関係は「一連不可分」であり、真に地方自治を発達させ地方分権を徹底させるためには「中央政府部内において、これがため調査し、企画し、立案し、地方自治体の実情を常に把握し、その利益と発達とを代弁し、主張し、便宜を提供し、連絡斡旋に当り、立法的にも行政的にも、中央政府の政策に強力に反映させる必要が極めて大きい」という点にありました(13)。

これに関連して九月二十三日には、全国市長会と全国町村会の代表者が民政局を訪問して、地方自治委員会の存続を求めます。しかしケーディスはこれを拒否します。ただし地方財政に関する権限を大蔵省に移すことにも反対だとして、地方団体の代表からなる地方財政委員会の必要は認め、案を提出することを求めました(14)。

民政局による地方自治委員会の廃止の決定は、地方自治委員会そのものの構想に反対であったということだけではないと考えられます。警察改革問題が最終段階に来ており、分権化された警察制度の見通しがついたので、従来の公安庁を設置するのとは異なる警察制度の案が必要になったということも理由にあったと思われます。

内務省の解体と後継組織

十月に入って、内務省解体の具体化作業が促進されます。これまでは地方自治委員会、公安庁、建設院の三つの新機構を設置するだけだったのですが、警察制度の分権化と地方自治委員会の廃止により、新設する機構は複雑なものとなりました。

十月九日の曾禰益官房次長らとの会談で、ケーディスは警察法案の遅れを叱責し、十月十三日までに法案を提出するよう強く求めました。この叱責を受けて政府は司法省改組の検討も行っています。内務省解体後の新組織への事務の継承は、同一歩調で進んだわけではありません。選挙管理委員会、建設院については比較的順調に進みましたが、旧地方局の行政関係の機構問題は難航しました。結果、地方行政部門は内事局へ、地方財政部門は地方財政委員会へと、いずれも暫定的な組織として引き継がれることとなったのです。民政局は内事局に関する政令案について再三修正を求め、その人事にも厳しい注文がつけられました。そして一九四七年十二月三十一日をもって、内務省は完全に解体されたのでした。

「内務省―府県システム」の崩壊

知事公選制が実現し、知事が官吏から公吏に転換されることによって、府県は市町村と同様の完全自治体に転換したといってよいでしょう。「内務省―府県システム」の一角は崩れたわけです。その後、内務省分権化の指令によって内務省の改組から解体へと進み、中央政府での地方自治の責任部局というべき内務省が解体されることで

「内務省—府県システム」は完全に崩壊したということができます。一九四七年に制定された当初の地方自治法は、内務省の存在を前提としたものでした。しかし四八年改正後の地方自治法は、内務省の存在を前提としていません。この改正によって「内務省—府県システム」が崩壊した後の地方自治法の形ができたのでした。

注

（1）天川晃編『GHQ民政局資料占領改革　第6巻中央省庁の再編』丸善、二〇〇一年、資料68。翻訳は自治大学校編『戦後自治史Ⅷ（内務省の解体）』一九六六年、二七—三一頁。
（2）天川晃編『GHQ民政局資料占領改革　第8巻地方自治Ⅰ』丸善、一九九八年、資料94、95、97。
（3）前掲『GHQ民政局資料占領改革　第6巻中央省庁の再編』資料37。
（4）「内務省に地方自治の充実、発展を図ることを任務とする一局を必要とする理由」前掲『戦後自治史Ⅷ（内務省の解体）』五八—六一頁、「内務省において地方財政に関する事項を所管せねばならぬ理由」同書、一〇八—一一〇頁。
（5）前掲『GHQ民政局資料占領改革　第6巻中央省庁の再編』資料78—80。
（6）前掲『GHQ民政局資料占領改革　第6巻中央省庁の再編』資料83—84。
（7）前掲『GHQ民政局資料占領改革　第6巻中央省庁の再編』資料86。

(8)前掲『ＧＨＱ民政局資料占領改革　第6巻中央省庁の再編』資料92。
(9)前掲『ＧＨＱ民政局資料占領改革　第6巻中央省庁の再編』資料98－103。
(10)前掲『ＧＨＱ民政局資料占領改革　第6巻中央省庁の再編』資料104－106。
(11)「都留重人日記」一九四七年九月二日、経済企画庁編『戦後経済復興と経済安定本部』大蔵省印刷局、一九八八年、二八四頁。
(12)前掲『ＧＨＱ民政局資料占領改革　第6巻中央省庁の再編』資料107。
(13)前掲『戦後自治史Ⅷ（内務省の解体）』一三七－一三八頁。
(14)前掲『ＧＨＱ民政局資料占領改革　第6巻中央省庁の再編』資料108。

◉第六章

戦後地方自治制度の形成

地方自治法の一九四七年改正から四八年改正へ

ここで角度を変えて、一九四七年五月に施行されたばかりの地方自治法に内務省解体の過程がどのように影響を与えたのか、前章で扱った部分を改めて見てゆくこととしましょう。

地方自治法については、衆参両院の審議過程で修正が加えられたために、地方自治法そのものの修正あるいはその他の法律を作ることが「宿題」となっていました。これに加えて、地方自治法が施行された直後から、民政局側から修正の要求が出されて来ました。これには、地方自治法の制定が短期間のうちに行われたために、民政局の発言の機会が少なかったという理由もあったでしょうし、内務省不信から地方自治法を精査したという背景もあるでしょう。さらに六月末に内務省の解体が決まったために、それと整合的な制度を地方自治法に規定するという新たな課題も出てきました。

六月末の段階では、内務省地方局の後継部局として地方自治委員会の設置が民政局から認められており、それを前提として、民政局からの要求を取捨選択して自治法改正案の準備を進めることにしていました。さらに九月に入ると、警察改革との関連で新たな課題も出てきました。それまで認められていた地方自治委員会の存続が認められなくなり、しかもその後の後継機関の形も明確でなかったために、自治法の改正それ自体が難航することとなったのです。

政府は十月十一日に地方自治法の改正法律案を国会に提出したのですが、この時の案ではまだ「地方自治委員会」が存在する条文の構成になっていました。その後、十二月五日に衆議院本会議で修正可決、参議院では予め予備審査を行っていたために、十二月七日の参議院本会議で衆議院修正通り可決され、四八年一月一日から施行されることとなりました。多岐にわたる修正の多くが、民政局からの修正要求に基づくものでした。ここではいくつかの論点に絞ってとりあげます。

弾劾裁判

最初に弾劾裁判の問題を取り上げましょう。これは地方自治法第一四六条の規定です。地方自治法制定時の内務省の原案では、自治体の首長が著しく不適任の場合には、都道府県知事については内務大臣が、市町村長については都道府県知事が、公聴会を開いて解職することができると規定していました。しかし、総司令部はこの制度について強く異議を唱えました。その結果、裁判官に関する弾劾裁判制度のように、知事と市町村長に対しても内務大臣または知事から弾劾裁判所に罷免の訴追を行い、その裁判で解職を決定するという制度に衆議院で修正されたのです。

内務省は自治法制定後に弾劾裁判の制度化をはかるべく準備したのですが、この段階で弾劾裁判制度について、さまざまな問題が明らかになってきていました。そこで内務省は、弾劾裁判ではなく知事市町村長等弾劾審判法と改めて法案を準備していましたが、これには法務省から問題が指摘されていました。八月に入ると民政局からも、弾劾裁判制度が不適当だとして、職業安定法で採用されている職務執行命令制度を地方自治法に採用するように、と指示が伝えられます。このため内務省は、新たに職務執行命令制度を取り入れることとしたのです。具体的には、主務大臣が、国の機関としての都道府県知事の事務管理や執行が法令に違反するようなことがある場合、当該知事に期限を決めてその事項の執行を命令することができるとし、当該知事がその事項を行わない場合には、主務大臣は高等裁判所に対して執行の命令をする裁判を請求することができる、としました。その確認裁判があった時には、主務大臣は当該知事に代わって当該事項の執行を行い、また当該知事を罷免できることとしたのです。市町村長についての民政局の指示は、地方自治法の政府原案のように知事が公聴会の後に罷免をして、市町村長は不服がある場合には裁判所に訴えることができるというものでしたが、政府案作成の際に、知事に対する措置と同様にものに揃えています(1)。

この方向は決まったものの、細部ではいくつかの問題や修正もありました。当初は職務執行命令の訴えを提起できるものに、主務大臣に加えて地方自治委員会も含まれていたのですが、地方自治委員会の設置が取りやめになり、これはなくなります。さらに当初案では、訴訟の提起は東京高等裁判所に限定していたのですが、これは議会の修正で各地の高等裁判所に改められました。従来の内務省や知事による人事監督が大きく形を変えることとなったのです。

先に触れたように、自治法施行直後に民政局が最初に提起したのは、地方自治法二九八条以下の地方公共団体の協議会に関する問題です。自治法制定時の当初案では協議会設置の許可を与えるのが「主任の大臣」になっていたのが、いつの間にか「内務大臣」となっていることを難詰し、都道府県と中央政府の間に何らかの組織が介入することには強く反対する、これは地方総監府の廃止以来の基本的な方針であるとしたのです。その後、民政局から「協議会の規定を全部削除すべし」との要求がなされましたが、内務省側は「協議会の制度は必要である。ただし、第二九八条第二項の強制設立の規定を削除する」との方針をとります。十月の政府原案でも第二九八条第二項の修正にとどめるものでした[2]。しかし、その後の衆議院での修正で、地方行政協議会の規定は結局すべて削除されることとなったのです[3]。なおこれと関連して、地方自治法の条文上で残っていた「内務大臣」の文字は、すべて削除されることとなりました。

特別市制をめぐる府県と市の対立

もう一つの問題は特別市を指定する法律の住民投票に関する問題です。地方自治法で特別市の制度ができたものの、特別市を指定する法律をめぐって、府県からの独立を要求する市側とこれに反対する府県側とが鋭く対立し、それぞれが民政局に陳情をするという状況がありました。特別市を指定する法律は、憲法第九五条の特別法として住民投票が必要であると考えられていましたが、投票すべき「住民」の範囲がどの範囲かをめぐって、市側と府県側で対立があったのです。たとえば、横浜市を特別市に指定する法律の住民投票は横浜市民だけで十分であるのか、それとも横浜市を含む神奈川県民の投票が必要なのか、という問題です。

民政局から「特別市の指定の法律は、関係都道府県の全選挙人の一般投票によるものとせよ」という要求が出てきたのですが、内務省は「憲法第九五条及び地方自治法第二六五条第二項及び第四項の解釈上は、当該市の住民のみの一般投票でよいと思う。ただし、立法政策の問題になれば別であるから、この点については、国会の定めるところに従いたい」としていたのですが[4]、七月二十六日の閣議では政府の解釈を改めて関連する「府県」の住民であるとしました。これは民政局からの強い要請があったと考えられます。一方、国会では政府の解釈変更に反対する意見が続出しました。しかし民政局では八月二十五日付で、民政局全課長及び顧問の一致した意見として、当該府県民の住民投票に付すべしとの勧告をホイットニーに上申し、この決定を九月二十三日にティルトンから日本側関係者に伝達しています。その際、当時進行中であった内務省の解体にも言及しています。すなわち内務省を解体し自治体を強化すれば、大都市側が要求する二重監督も九八％は取り除かれることになる、というのです。[5] 結局、この修正要求により、四七年十二月の国会で自治法に「関係都道府県の選挙人の賛否の投票に付さなければならない」という明文がつけ加えられることになります。事実上、特別市制の実現の道は困難になってしまいました。

地方出先機関

このように、民政局からの要求の多くは、内務省から見ればそのまま受け入れがたいものが多かったのですが、望ましいと思う修正要求もありました。たとえば一五六条に関して「地方出先機関の設置は、国会の承認を必要とし、その承認のないものは知事が否認できることとせよ」とか「地方出先機関が都道府県庁を使用する場合は、当該都道府県の議会の承認を要することとし、承認のないものは国庫の負担とせよ」などの要求です。地方出先機関の濫設を好ましく思わない内務省にとっては、これは望ましい方向の修正なので「趣旨には同感であるから、立法上の措置を講ずる」として、そうした方向に動き始めます。ちなみに民政局がこうした要求をしてきたのは、国の地方出先機関の調査を行い、その抑制が必要だと考えていたからです(6)。

そこで内務省は「政府はあらたに国の地方行政機関を設けようとするときは、その位置、名称、所管区域及び所管事務の範囲について国会の承認を経なければならないものとする」、「政府は地方公共団体又はその長の権限に属する事務を国の行政機関に移管しようとするときは、国会の承認を経なければならないものとする」という趣旨で法改正を行うこととし、各省の意見を求めます。しかしこれに対して大蔵、農林、逓信省などから強い反対が出されました。法制局が調停案を出したものの、各省からの反対は続き、さまざまな妥協点を探った結果、ある程度の制限をもって法律で規制することにしたのです(7)。

内務省からの改正と分権化への懐疑

この改正ではまた、地方公共団体に区域内の行政事務で国の事務に属しないものの処理権を与える、という改正が行われています(第二条)。この改正は民政局からの要求があったのではなく、内務省側からの改正点です。これまでの地方自治法の考え方では「部内の行政事務」は都道府県知事が行うものとされていました。ところが、警察制度の改革によって自治体警察が設置されることとなり、従来は国の行政事務とされていた警察事務を自治体が処理することになったために、このような改正を加えることとしたのです。なお、この改正に伴って地方自治法一四八条の改正も行い、都道府県知事が行うとされていた「部内の行政事務」の項目を削除することとしました。

興味深いことはこれらの修正議論の過程で、民政局内部において、これまで進めてきた「分権化」改革に対する疑問符が提出されていることです。たとえば、司法法制課のブレイクモアは職務執行命令制度を導入した一四六条の改正について、司法機関が行政的判断をすることは不可能であるとして批判的な覚書を提出しています。彼はより根本的な問題として、地方で選ばれて地方民に責任を負う知事が機関委任事務として国の法律の執行に責任を負うことは、国法の執行にとっても真の地方自治のためにも望ましくない、と批判したのです。何人も二人の主人に仕えることはできないからというのがその理由です。自分の意見はこれまでの民政局の方針とは異なるが、できるだけ国の仕事と地方の仕事を明確に分離するべきだ、と彼は提案していたのです。

このブレイクモアの意見に同調したのがハッシーでした。ハッシーは、われわれは地方自治の意味を誤解して来たのではないか、政治的分権化を進めると国の行政を骨抜きにしてしまうのではないか、と疑問を呈しています。彼も、日本の知事が機関委任事務制度によって「二重の主人」を持つことに対する批判を行い、民政局はこの問題を再検討して、そのことを内外に明らかにすべきであるとの提案をしたのです。なおハッシーのこの意見に対して同僚のオプラーは、その意見に同意はするが、これらの問題は地方自治法制定以前に十分に検討されなかったとはいえ、「今となっては手遅れだ」とたしなめています。(8) ここにも民政局内で「分権化」政策がまとまっていないという側面が現れています。

地方自治法一九四八年改正

内務省が解体された後になっても、民政局の新しい担当者は、内事局に対して地方自治法の改正の要求を持ち出してきました。当初は、過去十年間で合併した町村を住民投票で分離できるようにするとする七条改正、住民税納税者の訴権を認める七四条改正、そして地方団体に委任すべき事項を二十項目列挙する九六条などの改正要求でした。これに対して内事局は、七条については自治法の附則で処理をすることとし、七四条については二四三条の二に規定する、多くの権限の列挙については九六条の議会の議決事項として掲げること、としました。

しかし、内事局の旧内務省関係者は、要求通り議会の議決事項として列挙するのではなく、自治法第二条二項の事務の例示という形で列挙することにします。民政局からの要求が具体的な内容を規定するものであったため、日本側の事務当局は、適宜取捨選択し、日本の実情に沿った内容のものに改めつつ条文化を図ったのです。

他方、日本側が持ちかけた修正は、条例の制定改廃請求権の制限でした。それまでは自治体の住民には条例の制定改廃の請求に対する制限はなかったのですが、地方税、分担金等の賦課徴収に関する条例と地方公共の秩序維持に関する条例の制定改廃は直接請求の対象外とする、という修正が衆議院の審議の中で改正案として提案されたのです。総司令部からの要請のいくつかは、議会の審議過程での修正の形でなされることが少なくなかったのですが、この修正は日本側の関係者から提案されたものでした。

地方自治法改正案は四八年四月十五日に国会に提出され、衆議院の委員会で何度も修正を重ねたうえで六月十二日に可決し、六月十九日の本会議で修正を可決します。その後、参議院に送られた法案は六月二十八日に本会議で衆議院修正通り可決され、八月一日から施行されることとなったのです。

「内務省―府県システム」の崩壊

府県の自治体化と内務省の解体によって、明治政府が作り出した内務省と府県を根幹とする地方行政システム（「内務省―府県システム」）は完全に崩壊しました。総司令部民政局は積極的に分権化を目指した制度改革を進めましたが、その改革はこれまで見てきたとおり体系的で一貫した青写真に基づいたものではなく、むしろ日本政府の提案する改革案に対応した措置というものでした。その結果、占領改革が作り出した制度は、その基本理念はともかく、明治からの日本の制度に民政局の要求を接ぎ木したようなもので、必ずしも整合的なものではなかったのです。特に、自治体としての府県が市町村とどのような異同があるのか、実質的に地方行政区画として機能する自治体と中央政府の関連、などは必ずしも明確ではなく、これらを争点とする制度の再編成はいずれかの時点で必要となると思われました。

内務省が解体され、完全自治体となった府県を基本とした新たな地方行政システムを、いかなる形で再構成するか。この問題に関してはいくつかの方向がありました。その第一は、行政調査部が考慮していた、中央行政機構の再編成と道州制の導入という方向です。府県の自治体化で総合的地方行政区画が存在しなくなった以上は、これに代わる広域の地方行政区画として道州制を構想することは当然の成り行きでもあり、これに各省の出先機関の統合を図ることが考えられていたのです。臨時部局である行政調査部は中央行政機構の再編を優先させて、自身の後継部局である行政管理庁に大蔵省主計局の統合を図ろうとしましたが、これに失敗してしまいました。

第二の方向は、かつての内務省地方局のような、地方行財政を包括的に所管する「地方自治の責任部局」を中央政府レベルに復活させるとともに、自治体としての府県を強化する方向です。この方向は総司令部が主導した改革を逆行させる方向ではありますが、国政レベルでの自治体の代弁者が必要であるという議論は、地方財政が危機的状況におかれた中で、分権化によって新たな事務を処理する必要が出てきた自治体からの支持を得ることができたのです。四九年六月の行政機構改革で、国務大臣を長官とする地方自治庁が設置され地方行財政を一括して所管することとなったのは、この方向での制度再編の第一歩でした。

そして第三に、四九年に来日したシャウプの勧告が提示した、市町村を中心とする地方自治強化の方向です。これらについて、より詳しく見てゆくことにします。

行政調査部の「内閣―道州制システム」

都道府県が完全自治体になり、内務省が解体されるという状況の中で、中央・地方を通ずる行政組織をどうするかという問題に改めて取り組んだのが、行政調査部でした。既にみたとおり、敗戦直後の時期にも道州制を求める声はありましたが、行政調査部は、新憲法を前提としたうえで新たな「内閣―道州制システム」を構想していた点で、それまでのものとは異なるといえるでしょう。

四七年十二月に作成された、行政調査部の「新憲法下の行政機構改革」という文書があります。[9] ここでは新憲法下における行政機構の基本原理として、①能率化、②系統化、③統合化、④分化及び純化をあげています。そして新憲法下の内閣の特色は徹底した議院内閣制であるとし、内閣は国会ないし政党の意のままに動くものとなるが、内閣には行政各部の最高統制にあたる責任があるので、合議体としての内閣に最高の国家意思を適切に決定実行する条件を整える必要があるとしています。[10] さらに新憲法が中央行政機構に及ぼした影響を論じて、「新憲法は地方自治に関し、従来の官治的、中央集権的制度を排除し、徹底した自治的、地方分権的制度を確立した。内務省が解体したことは、その結果である」との評価をしています。

そうしたうえで、地方行政機構の改革については次のように論じています。新憲法における地方自治の強化は、(1)公選知事の公吏化、(2)行政官庁法により地方特別行政官庁の新設廃止は法律によるものとされ、(3)内務省の廃止に現れている。しかし、この方向は未完成で、新地方制度の施行と併行して多数の出先機関が簇《そう》生するなどの問題を産んでいる。現在のような経済統制の時代には素朴な地方分権主義は通用せず、それゆえ中央による統制を確保する方法が必要である、としているのです。

そのためには、(1)「公選知事に対する中央の指揮監督権を実質的に確保するための手段を設ける」ことと、(2)現在の地方公共団体の区域が余りに狭小であり、地方自治の基礎は隣保団結に存するとして、「新憲法によって定められた地方自治は、市町村に於いてこれを充分に発達させることを基本とし、国家的統制を必要とする行政事務の遂行については、現在の府県の区域よりも広い行政区画を利用する方向を採ることが適当であろうと思われる」としています。

行政調査部は前年四六年三月に「広域地方行政制度に関する諸案」を準備しています。ここでは、戦後の制度が旧来の区域のまま府県を完全自治体とし、これに対する国の統制を極度の制限したため、区域の問題だけでなく知事に対する中央政府の統制の問題がある。それゆえ広域地方行政制度が必要である、とされています。その広域地方行政制度は、(1)国の行政事務処理を主目的とし、(2)現在の数府県を合した程度の広さの区域を持ち、(3)府県知事に対するよりも強い行政の統制手段を持ち、(4)中央政府の行政事務は企画的なものを除き、大幅に広域地方行政機構に移譲し、(5)現在の地方特別行政官庁は原則として廃止する、としていました。これを前提とした上で、広域地方行政機構には三つの類型があると整理・検討しています。すなわち、府県の上に広域地方行政庁を設置する地方行政庁案、都道府県を廃止して地方公共団体たる道を置く道制案、府県を廃止し国の行政区画たる州を設ける州制案、を検討していたのです。

このように行政調査部は、新憲法を前提とし、知事公選制、内務省の解体などの改革を経た後の地方制度の構想として、新たな「内閣―道州制システム」ともいうべき構想を考えていたのです。ところが、時限的な機構として発足した行政調査部自体が四八年に発足した行政管理庁に吸収されて、その構想を実現する役割は果たせませんでした。

地方行財政機構の再編

出先機関問題

新しい地方自治法の下での府県と市町村の実態は、その後の制度選択の方向にさまざまな影響を及ぼすこととなりました。そして新しい公選知事たちが見た現実は「内務省─府県システム」の修復への可能性をはらむものでした。

四八年に広島県が発表した『県政に関する実相報告書』に「知事は県内で行なわれる行政についてすべてに亙る権限をもっていると考えるひとつの錯覚」と指摘されています。公選知事制の導入と地方自治法の制定で、この錯覚が一層深くなったともしています。そして、実際には県政の範囲が縮小されたと述べ、府県知事の権限が政府各省の出先機関の設置によって奪われてきている、という問題を指摘したのです。

公選知事が登場する四七年五月前後から、中央の各省は競って幾多の出先機関を設けました。そうして従来知事が行っていた数多くの権限を剝脱した結果、知事は警察権、陸運・海運などの輸送に関する権限、工業用・農林水産業など一切の重要生産資財の割り当てに関する権限、金融・労働行政・物価行政に関する権限を失い、さらに教育行政に関する権限を失う日も近い、と報告書はしていたのです。報告書は「出先機関の設置は県政の総合性を失わせる」として「出先機関を廃止してこれを県政の中に統合すべき」ことを求めています。これは従来からの「地域総合行政」の考え方に重なるものでした。

報告書はさらに「県政はその範囲内においても幾多の制約を受けていることも明らかにしなければならない。われわれの県政の実体は、地方分権の徹底、地方自治の伸張という言葉から受ける印象とはおよそ正反対に近いところを低迷している」として、具体的には、一、法律政令の制約、二、中央財政への依存、三、中央政府の監督、を指摘しています。特に財政に関しては、県の財政が地方分与税を含む国庫への依存傾向を示すとともに、県の課税権は制約を受けており、他方で国の委任事務の増大による経費増を指摘しています。そして「以上の結果を総合して得られる結論は、県政の統轄者としての知事の任務が自ずから中央政府に対する連絡陳情にその重点を置くに至るということであろう」としていたのです。

こうした事情は広島県だけでありませんでした。これらは公選知事が共通して直面していた状況で、それゆえ知事はブロック別、さらに全国レベルの知事会議を開いて共同して地方出先機関の廃止、地方財政の救済を基本とする「連絡陳情」を中央政府はもとより総司令部にも働きかけていたのです。民政局はこれらの要請に応えて行政調査部を督励し、出先機関の統合問題をとりあげたのですが、これも総司令部の関係部局と結んだ各省庁の抵抗で、容易に実現することはなかったのです。

地方財政の悪化

地方財政の悪化は府県だけでなく市町村でも同様でした。六・三制の実施や自治体警察制度の導入は財政支出を増大させ、インフレによる人件費の圧力の増大はさらにこれを加重していました。四八年予算では、国税の地方税委譲と新税の創設で地方税源の充実を図ろうとする地方財政委員会と、これに反対する大蔵省が対立して、地方財政委員会の地方団体代表委員が辞職する騒ぎにまでなったのです。

地方財政の悪化と、これに対する地方自治体の政府への圧力活動は、政府の内部に「地方自治の代弁者」を求める動きにつながっていきます。内務省の解体後、地方財政は府県市町村の代表者を委員とする地方財政委員会が所管していたのですが、財政窮乏にあえぐ自治体関係者の期待と圧力は、大蔵省に対抗して地方財政の強化を図ろうとする地方財政委員会に集まりました。

地方財政の窮乏問題を糸口にして、旧内務省地方局の行政部門と財政部門を統合する機構の再建が自治体側からも要請されると、同様の機構の再建を図ろうとする旧内務省関係者の動きを後押しすることとなります。ここで旧内務省関係者による「内務省―府県システム」の修復の方向についてみておきましょう。

地方行財政機構の修復運動

内務省解体によって、それ以前の内務省地方局の機能はいくつもの機構に分断されました。同時に、地方局のような地方行財政を所管する中央官庁の復帰を目指す動きも始まったのです。この経過を略述しましょう。まず暫定的組織としての内事局の廃止を控え、そこで扱ってきた業務を継続的に処理する必要がある旨をGHQ側に説明して、総理庁官房自治課が発足することとなります。しかし、これでは地方行政機能を中央政府レベルに確保したことに過ぎませんでした。その後、地方自治連絡委員会という制度を考えますが、これは五人の委員の一人を国務大臣とするというもので、地方自治に関する専任の国務大臣を獲得しようとする動きといえました。この委員会の業務は行政的な側面が中心として考えられていたのですが、四八年八月頃からは同年十二月に廃止されることとなる地方財政委員会を統合する方向に変わり、委員会に行政部と財政部、さらに連絡部をも置くという構想に変化します。その後、総司令部との調整過程を経てこの法案の成立を目指しますが、大蔵省の意向を受けた経済科学局の反対もあり、地方財政委員会の廃止を四八年十二月から四九年四月に延長するという法改正を行っただけで結論は持ち越されます。大事なことは、この頃になると初期の改革を進めた民政局のスタッフの多くが引退していることです。ティルトンも第八軍に移籍になっており、もはや直接の関係者ではなかったということです。

日本政府が提案する行政機構の改革も、必ずしも一貫した方針に基づくものではありませんでした。四八年十月に吉田茂内閣が成立し、さらにアメリカから経済安定九原則が指令されたことが契機となって、行政整理と関連づけながら行政機構改革が進められることとなります。新しい行政機構の青写真を描いたのは行政機構刷新審議会で、行政管理庁はその事務局を担当していました。

一九四九年に入り第三次吉田内閣の下では、地方自治委員会を設置するのではなく総理庁の外局として国務大臣を長官とする地方自治庁を設置し、地方自治庁の中に地方自治委員会議を設置するという方向に方針転換を図ります。この方向の地方自治庁設置法が制定され、四九年六月から発足することとなりました。ここでは、地方行政と地方財政を共に所管し、専任の国務大臣を持つという意味で、かつての内務省地方局的な機能を持つ機構が設置されることとなったのです。

シャウプ勧告

このように戦後における「内閣―道州制システム」を模索する動き、さらに「内務省―府県システム」の再建を図ろうとする動きがある中で、同じく地方財政問題を入り口としつつも、これまでとはまったく異なる方向から制度再編の構想を示したのが、一九四九年に発表されたシャウプ勧告でした。

シャウプ勧告は、納税者に税負担と政府の責任の関係を明確にさせることを主眼に置いていました。そのために中央政府、府県、市町村という三つのレベルの政府の機能を分離して能率的に仕事ができるように配分し、その責任を明確にするという考え方を提示したのです。さらに、地方自治の重要性を強調して、住民に最も身近な団体である市町村こそが地方自治の主体であるべきだ、との考え方を明示していたのです。

政府の機能を異なるレベルで分離すべきとするシャウプ勧告は、自治体が「二重の責任」を負って国政事務をも併せて行うことを否定しています。そしてこうした考えから、中央政府各省の個別の補助金の廃止と、これまでの配付税制度を廃止して、地方税では不足する自治体の財政を国庫で調整するという、平衡交付金制度の導入を勧告しました。さらに地方自治の強化の観点から地方税の強化を勧告しています。こうした方向での税制改革が、シャウプ勧告の権威の下に進められたのです。

新機構の設置

四九年九月に発表されたシャウプ勧告は、具体的には地方自治庁と地方税審議会を廃止して、平衡交付金などを扱う地方財政委員会の設置を勧告していました。しかもこの委員会は地方団体の利益を代表するために、知事、市長、町村長の各会の会長が任命するもの各一名、総理大臣の任命したもの二名で構成すると指定していたのです。さらに国、道府県、市町村間における事務配分について、政府に勧告する地方行政調査委員会議を臨時に設置することを求めていました。

地方自治庁では、シャウプ勧告に沿った形で、新しい地方財政委員会の機構を検討します。地方自治庁を廃止して地方行政に関わる事項もこの委員会に移す考えをとり、地方財政委員会ではなく地方自治委員会として、これに関する法案を数次にわたって作成しますが、[11]大蔵省や民政局などとの調整を経た後は、地方財政委員会を設置するという方向に転じます。最終的には、地方財政委員会を内閣の一部として設置するか、それとも人事院などのように内閣から独立したものとして設置するのかなどをめぐって総司令部内部で民政局・経済科学局・法務局等の意見調整が手間取ったため、四月十一日にマッカーサーから吉田首相宛に地方財政委員会等に関する書簡が出されることによって、一応の決着を見たのです。この書簡は、地方財政委員会を内閣から独立させることを求め、委員長を閣僚とすることなく委員の互選とし、その権限を地方財政に関わることに限定することを求めていました。これに基づいて法案を作成しつつも、シャウプ勧告で廃止が明記されていた地方自治庁を存置したのですが、結果的に地方行政と地方財政の所管機構は再度分離することとなったのです。

シャウプ勧告に基づいて税制改革が行おうとしたことを通して、さまざまな新たな問題が出始めます。まず、自治体の二重機能を否定するために国庫補助金の廃止が進められ、地方財源を保障するために従来の配付税に代えて、平衡交付金制度が導入されました。しかしこれには例外ができて、義務教育費国庫負担金制度が復活していま す。また、平衡交付金は自治体財政の不足分を中央財政から補塡するものですが、その総額が毎年度の予算編成事情に依存し、結果において不十分なものになるという問題も現われました。地方税の総額が増額される一方で、その配分をめぐって府県と市町村の対立が始まるなど、シャウプ税制は新たな問題を生み出したのです。

神戸勧告の意味

シャウプ勧告は、異なるレベルの政府機能の配分に関しては日本政府に委ね、地方行政調査委員会議（神戸《かんべ》委員会）がこれに当たることとなりました。自治体の「二重の責任」を否定するシャウプ勧告の考え方は、国政事務であれ自治事務であれ、地域内の行政は総合的に行うとする内務省の「地域総合行政」の考え方とは対極的でした。

シャウプ勧告の画期性を政府の「二重の責任」を否定することと考えるならば、政府機能の分離と再配分を通じて、中央―地方の政府間関係の抜本的な再編成に至る可能性を含んでいることになります。しかし、シャウプ勧告の核心を市町村優先の行政事務再配分に求めるならば、「地域総合行政」を目指す旧内務省的方向の修復への動きに理論的支柱を与えることになったのです。神戸勧告の起草に関わった旧内務省関係者は、シャウプ勧告を見て「私にとって驚きであり感動であったのは、事務再配分について市町村優先の原則が高らかにうたわれていたことである。住民の日常生活にとって重要な事務はまず国の事務とされていた従来の行政制度を、逆に重要な事務はまず市町村の責任にしようというのであって、まさに革命的な勧告であった。それは明治以来六十年にわたりなじんできた中央集権的な国優先の事務配分を地方分権的な市町村優先のそれへ、一八〇度ひっくり返すものである」と述べています。

この点をより詳しく見てゆきましょう。まず「二重の責任」を否定し、行政責任を明確化するならば、地方団体の長が国の機関として国政事務を行う機関委任は否定され、国政事務は地方出先機関で行われるはずです。しかし神戸勧告は、この機関委任方式を限定的とはいえ認めています。国と地方公共団体の双方の利害に関係のある「中間的な事務」が多いからです。これらに関しては、事務処理の過程においても「中間的性質」が十分に考慮されなければならないとして、機関委任方式を是認していたのです。そして「地方行政の円滑なる運営、住民の利便等を考慮」すれば、地方出先機関を設置するよりも機関委任が望ましい、という考え方を神戸勧告は提示しています。

第二に、「中間的事務」の考え方は、中間的団体としての府県という考え方にもつながります。神戸勧告は、府県は市町村に対して上級の地方公共団体の地位にあるものではないが、「その地域的範囲において市町村を包括する関係にある」として、国と市町村の連絡、市町村間の著しい不均衡の調整を行うものと位置づけました。府県は自治体ではあるものの「市町村が完全自治団体たることと同様の意味においてではなく、市町村とは自ら異なった使命を持つ自治団体」として市町村と国の中間にある、という考え方に基づくものでした。

ともあれ、五〇年十二月に発表された神戸勧告は、地方自治の強化と市町村優先の原則に立ち、国の存立に直接必要な事務を除いては、地方公共団体の区域内の事務はできるだけ地方公共団体の事務とし、地方公共団体の事務は原則として市町村の事務として配分するという案を勧告しました。そして事務の再配分を受けた市町村を強力にするため、人口七～八千人を標準とする市町村の規模の合理化を提案したのでした。

講和後体制の模索

一九五〇年になると朝鮮戦争が始まり、国内でもレッドパージが始まります。警察予備隊が創設されるなど、占領初期とは異なる動きが出てきます。この年の後半にはアメリカ大統領側から講和の動きがとられ始め、国内でも講和をめぐる議論が活発に展開されました。翌五一年に入ると、アメリカで講和問題を担当するダレス特使が来日して、吉田首相をはじめとして国内の各界指導者と会談。こうして作成された講和条約の調印式が同年九月にサンフランシスコで行われ、五二年四月二十八日に講和が発効することとなりました。

講和が締結された五一年から始まる数年間は、占領下で進められたさまざまな制度改革が「行き過ぎ是正」の名目で見直されてゆく時期でした。それは占領政策への反動という意味では「逆コース」の時代であり、占領下で進められた制度改革を「日本化」し固定化させてゆくという意味では、「戦後」体制が作られて行く時代でもあったととらえることができます。

講和後五〇年代前半の、地方制度をめぐる課題を三つに整理して考えてみます。第一の課題は、地方自治法の下で始まった府県と市町村の間の対立を収束させることでした。シャウプ勧告と神戸勧告が市町村優先の原則を打ち出したため、地方税の配分をめぐって、さらに特別市制問題の再燃により、この対立は激化していました。

これに対して何らかの措置をとらないと、地方制度の安定はありませんでした。これと関連しますが、第二の課題は府県制度の再検討です。府県が市町村と同様の完全自治体とされたことが市町村との対立を生む理由の一つだったのですが、同時にこれによって、地方における国政事務の処理方式が分立し、中央政府からの地方統制が弱体化したことが問題とされていたのです。この関連で、知事官選復活論や道州制論が出てくることになりました。第三の課題は中央政府レベルにおける「地方自治の責任部局」の再建です。具体的にはかつての内務省地方局のような地方行財政を統合し、閣議で発言できる専任大臣を持つ中央政府の部局を再建することでした。シャウプ勧告で平衡交付金を管轄するための地方財政委員会が再組織され、地方行政と地方財政の担当部局は再び分立していたのです。これらの課題の解決が、占領の終結によって影響力を高めてきた政治家を巻き込んで模索されたのです。

政令諮問委員会の行政制度改革構想

五一年五月三日の憲法記念日を前にして、リッジウェイ最高司令官は、占領中に制定された政令を見直す権限を日本政府に与えるとの声明を発しました。このリッジウェイ声明を受けて、吉田首相は各界の有識者からなる委員会を発足させ、講和後に臨む諸課題の検討を諮問します。いわゆる政令諮問委員会です。政令諮問委員会の委員には財界人、学界関係者、ジャーナリストなどが選ばれ、行政法学者の田中二郎東京大学教授も委員の一人として、法制や行政機構の再編などの議論に参加しています。

委員会は当初は追放令の問題などを扱っていましたが、八月十四日には「行政制度の改革に関する答申」を提出しました[12]。この答申は「講和後の日本の自主自立体制に即応し」「真にわが国の国力と国情とに適合した行政制度を整備」するとして、「簡素且つ能率的で、而も民主主義の原則に則る行政制度を確立すること」を目的とし、行政制度の改革は「中央地方を通じて総合的に考慮する」必要があるとしていました。行政機構の改革案としては、行政事務の縮小整理と事務配分の適正化に伴い、行政機構は極力これを縮小整理すること、行政責任を明確化するよう行政機構をできるだけ単純簡素化する、としていました。

具体的には、(1)内閣の補佐機関、(2)府省の廃合、(3)総理府の機構、(4)行政委員会、(5)外局、(6)内局、(7)審議会等、(8)国の出先機関、(9)地方公共団体の組織、(10)人事制度、について答申しています。

(1)については、各省にまたがる総合的に企画調整並びに法制の整備及び政府の法律解釈の統一を図るために、内閣の補佐機関として総合企画局と法制意見局を置くこととしています。また、(3)では、人事院を廃止して総理府人事局とすること、行政管理庁を総理府の内局とすることと並んで、地方自治庁、地方財政委員会及び全国選挙管理委員会を統合し、総理府の外局として地方自治庁を設けること。そして国務大臣を以て長に充てることができることとすること、を答申しています。また、(9)については、地方公共団体の組織も国の組織に準じてできるだけ縮小簡素化することとして、議員定数の半減とか、府県の内部部局を総務、経済、土木、社会及び労働の五部制を原則としたうえで、外局として教育委員会(公選は廃止)を置くこと、などと答申していたのです。

ここに見られるとおり、政令諮問委員会答申の行政制度改革の構想は、占領行政の要請で作られた新しい制度を「わが国の国力と国情とに適合」させることに主眼がありました。この時期に地方自治庁内部で検討されていた中央行政機構と地方行政機構の改革案をみておきましょう。中央行政機構では、内閣総理大臣の下に企画、法制、予算、人事等を担当する企画庁を置き、中央省庁としては治安省と地方(自治)省を置くとしています。また地方行政機構では、直接公選制を議員と市町村長に限り、知事の直接公選制度を改めて、市町村長及び市町村議会の議員の選挙による間接選挙制とするとし、市町村長と市町村議会議員の選出方法は直接公選か間接公選かを任意とする、などの構想（ただし、憲法第九三条の改正問題がある）が含まれていました。(13) これなどは占領政策を「是正」しようとする方向の改革案です。

地方自治法改正

一九五二年改正

講和条約の発効直前の五二年四月に、地方自治法の改正案が衆議院に上程され、国会で若干の修正の後に七月に成立しました。五二年の改正の背景にあったのは、五〇年の第一次神戸勧告です。この改正では、自治体に委任をする場合には、必ず法律またはこれに基づく政令によることとし、委任事務を別表に列記することとしたのです。さらに市町村の配置分合、境界変更について、都道府県知事が関係市町村に勧告する権限を認めることとし、同様に国と地方公共団体の関係で、総理大臣または知事が地方公共団体の事務に関する技術的助言または勧告を行う権限も与えることとなりました。国―都道府県―市町村の序列関係が整えられたのです。さらにこのときの改正で最も大きな議論となったのは、東京都の特別区長の公選制度の廃止問題でした。区長公選の廃止が憲法第九三条に違反するかどうかなどの議論が行われ、結局、公選制は廃止されました。

地方制度調査会による「内務省―府県システム」の修復

講和後の本格的な地方制度の構想は、五二年に新たに設置された地方制度調査会が担うこととなりました。調査会は「日本国憲法の基本理念を十分に具現するように現行地方制度に全般的な検討を加える」ことを目的とし、国会議員、関係行政機関の職員、地方公共団体の長や議員、学識経験者など五十名で組織される大きな委員会でした。[14]ここで出された制度構想は、戦時下の四〇年代前半と同様に、戦後版の「内務省―府県システム」を構築することと、戦後版の「内閣―道州制システム」の検討だったとみることができます。四〇年代前半と五〇年代前半との違いを指摘すれば、五〇年代には知事の直接公選制度が導入されて内務省は解体されており、明治憲法期の「内務省―府県システム」は崩壊していたのですが、これをどのような形で修復するかが前者の課題でした。他方で、「内閣―道州制システム」については、戦後の新憲法が正統なものと保障していた「地方自治」との両立を図ること、ならびに四〇年代にこれを推進した軍部のような強力な政治力が欠けていたことが問題でした。「内務省―府県システム」の修復の一つの方向は、地方自治法の改正を通じて中央政府・府県・市町村の関係を系列的に再編することです。この方向は既に五二年の地方自治法改正で取られ、始まっていました。都道府県と市町村の性格は、第一次神戸勧告（一九五〇年）では、市町村を「住民に直結する基礎的地方団体」府県を「その地域的範囲において市町村を包括する関係にある」と位置付けていたのですが、五三年十月十六日の第一次地方制度調査会の答申では、市町村は「現状のとおり」とするが、府県については「本来、その自治事務を処理すると同時に、市町村とは異なり、市町村を包括し、市町村と国との中間に位する広域自治団体として、国家的性格を有する事務を処理することをもその任務とすること。従って、国は、国家的性格を有する事務の遂行に必要な限りにおいて、指揮監督権の行使その他の関与を行うことができるものとすること」としていたのです。(15)

一九五六年改正

この答申に沿って、五六年の自治法改正では、府県を市町村を包括する広域の地方公共団体とし、広域行政、統一的処理、連絡調整、補完行政を行うことを明記しました。また地方公共団体が法令違反や義務の懈怠などの場合に、国は都道府県に対し、都道府県は市町村に対して是正・改善の措置を取ることができるとしました。またこのときの改正では、大都市と関連府県の間の対立で大きな問題となっていた特別市制度を廃止して、新たに政令指定都市の制度を作り、大都市を府県から独立させることなく事務の委譲を行うこととしたのです。これらの改正によって、国と都道府県、市町村の指導関係を系列化するものでもありました。

地方自治の責任部局の再建

「内務省―府県システム」修復の第二の方向は、中央政府レベルにおける「地方自治の責任部局」の再建でした。政令諮問委員会の答申を受けて、地方自治関係では地方自治庁と地方財政委員会、全国選挙管理委員会を統合して自治庁を設置する動きが始まりました。この時の行政機構改革に関する「想定問答」では、戦時戦後を通じて行政機構が膨張し、部局の数と人員が戦前の二倍から二倍半になっており、これを整理し機構の縮減を図ることを基本理念とする、としています[16]。自治庁設置法案の「答弁資料」には、地方自治庁は地方公共団体の行財政に関する制度の企画・立案・行政の指導を行い、地方財政委員会は国、都道府県、市町村相互間の財政関係の調整を行い「ともに地方自治の育成強化という同一の任務に服している」として「究極においては、地方自治の確立を通じて民主政治の確立に資することを志向している」と正当化しています。

他方で内務省の復活に対する警戒心も想定されています。「自治庁の設置は、内務省復活の第一歩を印しようとするものではないか」とか「地方財政委員会を廃止するのは、地方自治の後退を意味するのではないか」などの質問が想定されています。前者については自治庁の権限が増えるわけでもなく「旧内務省のように地方公共団体を全般的に統制しようとするものではない」とし、後者に対しては従来は地方財政の制度の企画・立案は地方自治庁、制度の実施・運営・指導は地方財政委員会と二つの役所に分かれていて「地方財政に関する地方公共団体の意向を政府部内に協力に反映するに十分でなかった」。今後は「地方公共団体は閣内において発言の機会を得ることになるのであって、却って地方自治の確立は促進される」としています。[17]

自治庁設置法は国会で若干の修正を加えられたのちに成立しました。五二年八月一日から自治庁が発足することとなり、旧内務省地方局の機能は自治庁に再編されたのです。次の課題としては自治庁を独立の省に再編することが残されました。

「内務省―府県システム」の修復の背後にあったのは地方財政の問題でした。シャウプ勧告で導入された平衡交付金制度は、地方自治体が行う事務に対して不足分を確保し、再配分を行うものとして構想されていたのですが、現実には地方財政委員会が編成する地方予算は予算編成の過程で削減され、地方財政の困難は解消されなかったのです。自治庁は、五四年になるとこれを、戦前からの配付税にならって国税の一定比率を地方財源として確保し、地方に配分する地方交付税制度に転換させることとします。こうして平衡交付金制度も「日本化」が図られたのでした。

神戸勧告が提起した町村合併を自治庁が推進したのも、零細市町村の財政問題への対応からです。五三年に町村合併促進法が制定され、三年間の間に町村数を三分の一に減少することを目標とする町村合併が強力に推進されました。五二年の地方自治法改正で、知事に市町村の境界変更を勧告する権限を与えており、府県もこれを推進する一翼を担いました。しかし、市町村の規模が再編成されると、市町村と府県の関係の問題があらためて問題となってきます。規模の大きい市からは、府県の廃止を求める声もあがり始めたのです。

道州制の可能性

こうして戦後版の「内務省―府県システム」の修復によって二つの課題は達成されたものの、府県の自治体化に伴う、地方における国政事務の総合化と中央統制の弱体化の問題の解決になるものではありませんでした。道州制の導入はこの課題に対して検討されたのです。五二年四月、特別市制問題をめぐる対立が超党派の政治問題として最高潮に達していた頃、吉田首相は岡野清豪地方自治庁長官に道州制の導入の検討を命じます。そして地方自治庁は、市町村の上に完全自治体としての都道府県を設けることには疑問があるとの観点から、道州制の検討を開始します。地方自治庁は、「内務省―府県システム」の修復を図るとともに道州制問題の検討にも着手するという、両睨みの姿勢をとったのです。道州制問題は特別市制問題の解決策ともなりうるものですが、市長会が府県廃止論を唱え始めると府県がこれに反発するなど、地方団体間の対立を拡大する側面も持っていました。こうして府県制度の再検討の問題は、五二年末から発足した地方制度調査会の中心課題として検討されることになります。

ところで、五一年九月の第二次神戸勧告は、道州制の導入には慎重な態度でした。府県の上に道州を設置するのは行政機構を複雑化させ、行政費を増大させます。また府県を廃止して道州を設けることは、必ずしも地方自治を強化するとは認めがたいとして、府県の規模の合理化を勧告していました。道州制の導入をめぐってはこうした観点からの批判も続けられたのです。

ところで、四〇年代後半に道州制の導入に積極的だった新聞論調は、五〇年代前半になると、道州制の導入は知事公選の廃止につながるとして慎重な姿勢が見られるようになります。『毎日新聞』は「首相が真剣にこれ（道州制）を考えているとすれば、勇断であり、また十分に研究に値するものである」と歓迎しつつも、「府県知事では官選に改めにくいので、道州制にして官選知事制をとったのだとの非難が起こらないように」と地方民主化の尊重を求めていました。(18) 地方制度調査会に「抜本的な」地方制度改革案を期待しつつもそれが「逆コース」をたどることを警戒する論調もあり、「道州制はともすれば現行の府県よりもはるかに中央集権的官治行政の機関に化する

恐れが多分にあり」と、道州制の導入に慎重な態度を取り始める論調も現われ始めていたのです。(19)

「地方」制の行方

地方制度調査会では、道州制の導入論と、これに対抗する数府県の統合論が並行しからでした。「地方」制案という名の道州制を導入する調査会の答申が出たのは、五七年になって「地方」制案は、現行府県は廃止し国と市町村との間に「中間団体」(「地方」)と国の総合地方出先機関(「地方府」)を新設して、同一人(「地方長」)が「地方」と「地方府」の一体的総合的運営を確保するという内容のもので、「地方長」は「地方」議会の同意を得て内閣総理大臣が任命する任期三年の国家公務員とされていました。ここに見られるように、中央統制の確保された「地方」において国政事務の総合を図ろうとする構想です。答申はさらに「府県制度の改革に伴い、地方を通ずる行政事務処理方式及び国の中央行政機構の全般にわたる改革についても、根本的に検討を加えること」を求めていました。「地方」制案は調査会で一致した支持を得たものではなく、調査会の委員の意見は大きく分れ、このため多数意見だけでなく少数意見となった数府県の統合案をも並記するという異例の答申となったのです。

「地方」制案に対して、世論は一斉に厳しい批判を加えました。批判の中心は府県を廃止して「地方長」を公選から官選に復活させることに集中し、これが憲法にいう「地方自治の本旨」に反するという憲法論と関連して展開されました。さらに「地方」制の導入は、旧内務官僚による官僚的中央集権の復活につながるという批判も強くありました。たとえば、『毎日新聞』は「首長の政府任命によって、地方自治という憲法の精神が壊され、地方行政を政府が握る戦前の姿に逆転することである」と批判しています。道州制の導入に積極的だった『日本経済新聞』も、地方長の選任方法を「憲法違反の疑いがあるとはいわないまでも、戦後確立された地方自治の本旨から確かに大きな問題の存するところ」とし「戦前の中央集権的官権自治の復活あるいは旧内務官僚の失地回復とも見られる」と批判していたのです。

「地方」制答申が行なわれた二カ月後の五七年十一月、東京で地方自治法施行十周年の記念式典が、天皇の臨席の下で行われています。出席した岸信介首相は町村合併で市町村の能力が充実強化された意義を強調するとともに、内容の充実した都道府県、市町村を基盤として民主政治の確立と福祉国家の実現に邁進したい、との挨拶を行いました。道州制の導入は当面は見送られることとなったのです。

自治省成立　制度改革の時代の終わり

先述のように講和後、旧内務省地方局の復活ともいえる自治庁が発足しました。これに対して自治関係者の間では、総理府の外局としての庁では限界があり、専任大臣を置く省としての独立を求める動きが政府内外から起こってきます。

たとえば、五六年二月の行政審議会の答申では「一．建設省（首都圏建設委員会を含む。）及び自治庁を統合して内政省を新設する。二．自治庁の権限を強化してこれを省に昇格する。この際建設省の都市計画部門、首都建設委員会及び南方連絡事務局を之に統合する」という二案の答申を出しており、さらに地方六団体も地方行政担当の専任大臣を任命することの要望を出しています。[20]

その後、行政管理庁で「行政機構改革要綱」を準備しています。「内政省に自治庁、北海道開発庁、建設省（首都建設委員会を含む。）、運輸省港湾局（港湾輸送、倉庫及び港湾管理に関する事項を除く。）及び南方連絡事務局を統合する。北海道開発庁及び首都建設委員会は、内政省の外局とする。建設省営繕局は大蔵省に移管する」という内容でした。この案は閣議で了解されず、引き続き閣僚懇談会で検討されることとなっています[21]。

これらを受けて自治庁内ではいくつかの構想が検討されていました。自治庁内部の「内政省（地方省）の構想について」という文書によれば、内政省の必要性は「地方における行政の総括調整を行い、及び、その最終責任者（明確に各省の責任に属しない事務について最後の尻拭いをする者）となる省が必要である。地方財政の赤字を解消し地方財政の建直しを行うために、地方団体に対し総合的に指導統制する省が必要である」としており、内政省（地方省）の機能としては地方団体に対して、①人事、②財政、③情報、④各種行政の基礎となる仕事において統制する機能を有する必要があるとし、一方「この四機能をあまり強くもつことは、旧内務省復活のそしりをうけるであろう。殊に情報すなわち警察を他の機能とともにもつことは、現段階においては警察国家再現の印象を与えるので、適当ではない」としています。そして、具体的な内政省の構成としては、（1）自治庁の機能を強化し、これと建設省を合体する。これに北海道開発庁、国家消防本部、南方連絡事務局等を吸収することも考えられる。（2）建設省のうち計画局と住宅局のみを自治庁と合体させ、道路局、河川局、首都建設委員会は、運輸省港湾局、農林省林野庁などと合せて国土省とする。しかし、内政省を必要とする理由の一である地方財政の建て直しをするためには、公共事業の重要部分を占める道路、河川等を内政省（地方省）から引き離すことは適当ではない、などとしていたのです。[22]

そして五六年四月には、自治庁と建設省及び経済企画庁の一部を統合することを主眼とする内政省案設置法案を取りまとめて国会に提出したのですが、「内政省の設置は、内務省の復活を企図するものではないか」、「内政省の設置は、道州制、知事官選による地方行政の支配を内包するものであり、憲法の地方自治の精神に反しているものではないか」などの「想定問答」での想定通り、世論からの批判も強く、さらに法案自体の不備もあって審議が進みません。五八年の国会では自治庁に官房長を置くことと引き換えに、内政省法案は撤回されることとなります。

翌五九年一月の第四次行政審議会の答申は「自治庁に国家消防本部、経済企画庁の総合開発局、建設省の国土計画、地方計画部門、北海道開発庁、総理府特別地域連絡局、首都圏整備委員会等を統合し、自治省を置く」としていたのですが、自治庁内部では自治庁と国家消防本部を統合して自治省とする案が有力であり、四月七日の閣議で了解を得たものの、港湾一元化問題との関連で簡単には進められませんでした。六〇年三月になって自治省設置法案は国会に提出されます。折からの「安保国会」

でその成立が危ぶまれましたが、六月二十日に国会を通過して、七月一日から自治省が発足することになりました。この年、自治庁が自治省に昇格したことで戦後版の「内務省―府県システム」ともいうべき仕組みができて「制度改革の時代」は終わったのです。

注

（1）天川晃編『GHQ民政局資料占領改革　第8巻地方自治Ⅰ』丸善、一九九八年、資料101。
（2）天川晃・田口一博『総務省自治大学校所蔵　戦後自治史関係資料集　第1集地方制度改革』丸善、二〇一一年、資料1396、1363。
（3）自治大学校編『戦後自治史Ⅶ（昭和二二・三年の地方自治法改正）』一九六五年、一九〇―一九二頁。
（4）前掲『総務省自治大学校所蔵　戦後自治史関係資料集　第1集地方制度改革』資料1396。
（5）前掲『GHQ民政局資料占領改革　第8巻地方自治Ⅰ』、資料102。ティルトンから日本側関係者への意向伝達は、指定都市事務局『大都市制度史（資料編）Ⅰ』一九七五年、一一八七―一一八八頁を参照。
（6）前掲『総務省自治大学校所蔵　戦後自治史関係資料集　第1集地方制度改革』、

資料1396、前掲『GHQ民政局資料占領改革　第8巻地方自治Ⅰ』資料122、123。

(7) 前掲『総務省自治大学校所蔵　戦後自治史関係資料集　第1集地方制度改革』資料1400、前掲『戦後自治史Ⅶ（昭和二二・三年の地方自治法改正）』、一三一－一四八頁。

(8) 前掲『GHQ民政局資料占領改革　第8巻地方自治Ⅰ』資料107、108、115、116。

(9) 行政調査部「新憲法下の行政機構改革」（昭和二十二年十二月十日）『史料日本の地方自治　第2巻一九三〇年代－一九五〇年代　現代地方自治制度の確立』学陽書房、一九九九年、三一一－三二二頁。

(10) そのためには、①国務大臣の員数を少数に限定し、②国務大臣と行政長官の関係を総理大臣の閣内統制力の強化などにより図り、③各省大臣以外の国務大臣を置き内閣総理大臣の分担管理する一般行政事務はできるだけ減少させ、④内閣の補助部局を置く、ということを検討している。

(11) 「所謂地方財政委員会等の機構について」自治大学校編『戦後自治史XⅢ（地方税財政制度の改革（下巻の二））』一九七五年、三三二－三四九頁。

(12) 「行政制度の改革に関する答申」天川晃・金官正『総務省自治大学校所蔵　戦後自治史関係資料集　第3集中央行政機構』丸善、二〇一〇年、資料845。

(13) 前掲『総務省自治大学校所蔵　戦後自治史関係資料集　第3集中央行政機構』所収「中央行政機構改革案」（資料866）、「地方（自治）省設置要綱」（資料865）、「地方行政機構改革案」（資料867）。

(14)地方制度調査会設置法（昭和二十七年法律第三一〇号）。
(15)第一次地方制度調査会「地方制度の改革に関する答申」。
(16)行政管理庁「行政機構改革関係想定問答（一般）」（昭和二十七年五月）、前掲『総務省自治大学校所蔵　戦後自治史関係資料集　第3集中央行政機構』資料558。
(17)「第一三国会　自治庁設置法案に関する答弁資料」前掲『総務省自治大学校所蔵戦後自治史関係資料集　第3集中央行政機構』資料562。
(18)「道州制の是非」『毎日新聞』一九五二年四月二十四日社説。
(19)「地方制度改革の方向」『朝日新聞』一九五三年一月十一日社説。
(20)「地方行政担当の専任国務大臣任命方に関する要請」前掲『総務省自治大学校所蔵　戦後自治史関係資料集　第3集中央行政機構』資料738。
(21)黒澤良「自治省創設への政治過程」坂本一登・五十旗頭薫編著『日本政治史の新地平』吉田書店、二〇一三年。
(22)「内政省（地方省）の構想について」前掲『総務省自治大学校所蔵　戦後自治史関係資料集　第3集中央行政機構』資料629。

著者の逝去により小見出しの整理、表記の統一、注の出典確認および書式統一などを含む、必要な編集作業は左右社編集部にて行った。注の確認の取れないものは、原稿のとおりとし、「*」を付した。右記の作業において田口一博（新潟県立大学准教授）氏にお力添えをいただきました。

日本学術振興会編『日本占領文献目録』日本学術振興会、一九七二
「戦後政治改革の前提　アメリカにおける対日占領の準備過程」渓内謙ほか編『現代行政と官僚制(下)』東京大学出版会、一九七四
「地方自治と政党」成田頼明編『現代社会と自治制度の改革』学陽書房、一九七四
「地方自治制度の改革」東京大学社会科学研究所編『戦後改革3　政治過程』東京大学出版会、一九七四
辻清明編『図説日本の歴史18　戦後日本の再出発』(分担執筆)集英社、一九七六
『日本占領秘史(上)』(共著、竹前栄治)朝日新聞社、一九七七
「占領政策と官僚の対応」思想の科学研究会編『共同研究日本占領軍　その光と影(上)』現代史出版会、一九七八
「地方自治法の構造」中村隆英編『占領期日本の経済と政治』東京大学出版会、一九七九
「東久邇内閣」「幣原内閣」「第一次吉田内閣」林茂・辻清明編『日本内閣史録5』第一法規、一九八一
「新憲法体制の整備　内閣法制局と民政局の対応を中心にして」近代日本研究会編『太平洋戦争　開戦から講和まで』山川出版、一九八二
神奈川県『神奈川県史通史編5　近代・現代2　政治・行政2』(分担執筆)神奈川県、一九八二
「地方自治制度の改革」日本政治学会編『近代日本政治における中央と地方』岩波書店、一九八五
「講和と国内統治体制の再編」渡邉昭夫・宮里政玄編『サンフランシスコ講和』東京大学出版会、一九八六
「変革の構想　道州制論の文脈」大森彌、佐藤誠三郎編『日本の地方政府』東京大学出版会、一九八六

「占領と地方制度の改革」坂本義和、R・E・ウォード編『日本占領の研究』東京大学出版会、一九八七
「昭和期における府県制度改革」日本地方自治学会編『日本地方自治の回顧と展望』敬文堂、一九八九
「敗戦後の帝国議会」「占領支配下の国会」内田健三、金原左門、古屋哲夫編『日本議会史録4』第一法規、一九九〇
「通商産業省の設置」通商産業省編『通商産業政策史4』通商産業調査会、一九九〇
藤沢市議会『藤沢市議会史（記述編）』（分担執筆）藤沢市議会、一九九一
「日本本土の占領と沖縄の占領」『横浜国際経済法学』1−1、一九九三
「三つ目の『偶然』　憲法制定史研究ノート」松田保彦ほか編『国際化時代の行政と法　成田頼明先生横浜国立大学退官記念』良書普及会、一九九三
「『民主化』過程と官僚の対応」『戦後日本　占領と戦後改革2占領と改革』岩波書店、一九九五
「『地方分権』の時代　戦後の制度改革の残したもの」『戦後日本　占領と戦後改革4戦後民主主義』岩波書店、一九九五
『GHQ民政局資料占領改革　第8巻地方自治I』丸善、一九九八
『GHQ民政局資料占領改革　第9巻地方自治II』丸善、一九九八
全国市長会『全国市長会百年史』（分担執筆）全国市長会、一九九九
『史料日本の地方自治2　現代地方自治制度の確立』（共編、進藤兵）学陽書房、一九九九
『日本国憲法・検証6　地方自治・司法改革』（共著、小田中聰樹）小学館文庫、二〇〇一
「『茨城の占領時代』を見る眼」茨城の占領時代研究会『茨城の占領時代』茨城新聞社、二〇〇一

『地域から見直す占領改革　戦後地方政治の連続と非連続』（共著、増田弘）山川出版社、二〇〇一
『GHQ民政局資料占領改革　第6巻中央省庁の再編』丸善、二〇〇一
横浜市総務局市史編集室編『横浜市史Ⅱ　第3巻（上）』（分担執筆）横浜市、二〇〇二
『地方自治政策Ⅰ　日本の地方自治　その現実と課題』（共著、阿部斉、澤井勝）放送大学教育振興会、二〇〇二
横浜市総務局市史編集室編『横浜市史Ⅱ　第3巻（下）』（分担執筆）横浜市、二〇〇三
『日本政治史　20世紀の日本政治』（共著、御厨貴）放送大学教育振興会、二〇〇三
「援助の理念」森川俊孝ほか編『開発協力の法と政治　国際協力研究入門』国際協力出版会、二〇〇四
『地方自治政策Ⅰ　自治体と政策』（共著、澤井勝、北村喜宣）放送大学教育振興会、二〇〇五
東京市政調査会編『大都市制度史（資料編）Ⅳ』（全体監修）指定都市市長会、二〇〇六
『日本政治外交史　転換期の政治指導』（共著、御厨貴・牧原出）放送大学教育振興会、二〇〇七
内政史研究会談話速記録『現代史を語る8　鈴木九萬』（監修）現代史料出版、二〇〇八
『自治体と政策　その実態と分析』（共著、稲継裕昭）放送大学教育振興会、二〇〇九
「国境を越えて生きる」高橋和夫ほか編『市民と社会を生きるために　実践のすすめ』放送大学教育振興会、二〇〇九
「ドン・ブラウンとジョン・マキ」横浜国際関係史研究会ほか編『GHQ情報課長ドン・ブラウンとその時代　昭和の日本とアメリカ』日本経済評論社、二〇〇九
『戦後自治史関係資料集　第3集中央行政機構』（DVD－ROM版）（共編、金官正）丸善、二〇一〇

『戦後自治史関係資料集　第1集地方制度改革』（共編、田口一博）丸善、二〇一一
『戦後自治史関係資料集　第5集特別資料編』（共編、小坂紀一郎、井川博、田口一博）丸善、二〇一二
『占領下の神奈川県政』現代史料出版、二〇一二
『占領下の日本　国際環境と国内体制』現代史料出版、二〇一四
『占領下の議会と官僚』現代史料出版、二〇一四

天川晃教授経歴・業績目録「横浜国際経済法学」十一巻一号、横浜国立大学、二〇〇二、一六一―一七三頁

一九四〇年　大阪市に生まれる。滋賀県蒲生郡八幡町（現・近江八幡市）に育つ
一九四七年　八幡町八幡小学校に入学
一九五〇年　和歌山県日高郡和田村（現・美浜町）に転居
一九五三年　村立和田小学校卒業、組合立松洋中学校に入学
一九五五年　神戸市兵庫区に転居、神戸市立兵庫中学校に転校
一九六〇年　兵庫県立兵庫高等学校卒業
一九六四年　東京大学法学部第Ⅲ類卒業
　　　　　　同大学助手（法学部、六七年六月まで）
一九六九年　同大学助手（法学部比較法比較政治研究室）
一九七二年　占領史研究会発足
一九七四年　横浜国立大学助教授（経済学部）
一九八〇年　オールド・ドミニオン大学客員准教授（八一年まで）
一九八三年　横浜国立大学教授（経済学部）
一九九〇年　同大学大学院国際経済法学研究科教授に配置換え
　　　　　　文部省在外研究員（ロンドン・スクール・オブ・エコノミクス、ボストン大学、九一年まで）
一九九二年　占領史研究会解散
一九九五年　横浜国立大学大学院国際経済法学研究科長（九七年まで）

一九九九年　同大学大学院国際社会科学研究科教授に配置換え
二〇〇二年　放送大学教授（教養学部）、横浜国立大学名誉教授
二〇一一年　放送大学を退職
二〇一四年　同大学ガバナンス研究会発足
二〇一七年　四月二十七日横浜市で逝去

創刊の辞

この叢書は、これまでに放送大学の授業で用いられた印刷教材つまりテキストの一部を、再録する形で作成されたものである。一旦作成されたテキストは、これを用いて同時に放映されるテレビ、ラジオ（一部インターネット）の放送教材が一般に四年間で閉講される関係で、やはり四年間でその使命を終える仕組みになっている。使命を終えたテキストは、それ以後世の中に登場することはない。これでは、あまりにもったいないという声が、近年、大学の内外で起こってきた。というのも放送大学のテキストは、関係する教員がその優れた研究業績を基に時間とエネルギーをかけ、文字通り精魂をこめ執筆したものだからである。これらのテキストの中には、世間で出版業界によって刊行されている新書、叢書の類と比較して遜色のない、否それを凌駕する内容のものが数多あると自負している。本叢書が豊かな文化的教養の書として、多数の読者に迎えられることを切望してやまない。

二〇〇九年二月

放送大学長　石　弘光

放送大学

学びたい人すべてに開かれた
遠隔教育の大学

〒261-8586 千葉市美浜区若葉2-11
Tel: 043-276-5111　Fax: 043-297-2781　www.ouj.ac.jp

天川 晃（あまかわ・あきら）
1940年生まれ。
（本文主要著作一覧および年譜参照）

シリーズ企画：放送大学

天川晃最終講義
戦後自治制度の形成

2017年11月1日　第一刷発行

著者　天川晃

発行者　小柳学

発行所　株式会社左右社
〒150-0002 東京都渋谷区渋谷2-7-6-502
Tel: 03-3486-6583　Fax: 03-3486-6584
http://www.sayusha.com

装幀　松田行正＋杉本聖士

印刷・製本　創栄図書印刷株式会社

Printed in Japan ISBN978-4-86528-185-9

放送大学叢書

自己を見つめる
渡邊二郎　定価一六一九円＋税〈三刷〉

〈中国思想〉再発見
溝口雄三　定価一六一九円＋税〈二刷〉

立憲主義について　成立過程と現代
佐藤幸治　定価一八〇〇円＋税〈五刷〉

哲学の原点　ソクラテス・プラトン・アリストテレスの知恵の愛求としての哲学
天野正幸　定価三六〇〇円＋税

戦前史のダイナミズム
御厨貴　定価一八五〇円＋税

ヘーゲルを読む　自由に生きるために
髙山守　定価二二〇〇円＋税

貨幣・勤労・代理人　経済文明論
坂井素思　定価一八五〇円＋税